1冊3分で読めて、
99%忘れない
読書術

瞬読

SYUN DOKU

【しゅんどく】

山中 恵美子
Emiko Yamanaka

瞬読はココがスゴイ その1

短時間のトレーニングで驚きのスピードに！

1冊3分で読めるようになった人、続出！

「仕事柄、全国を飛び回っていますが、今では離陸前には1冊読み終えてしまい、飛行中は寝ています（笑）」（森裕嗣さん）

「200ページ程度の本であれば、数分で読めるように。瞬読で人生が変わりました！」（鈴木浩一朗さん）

分速36万字に到達した人も……！

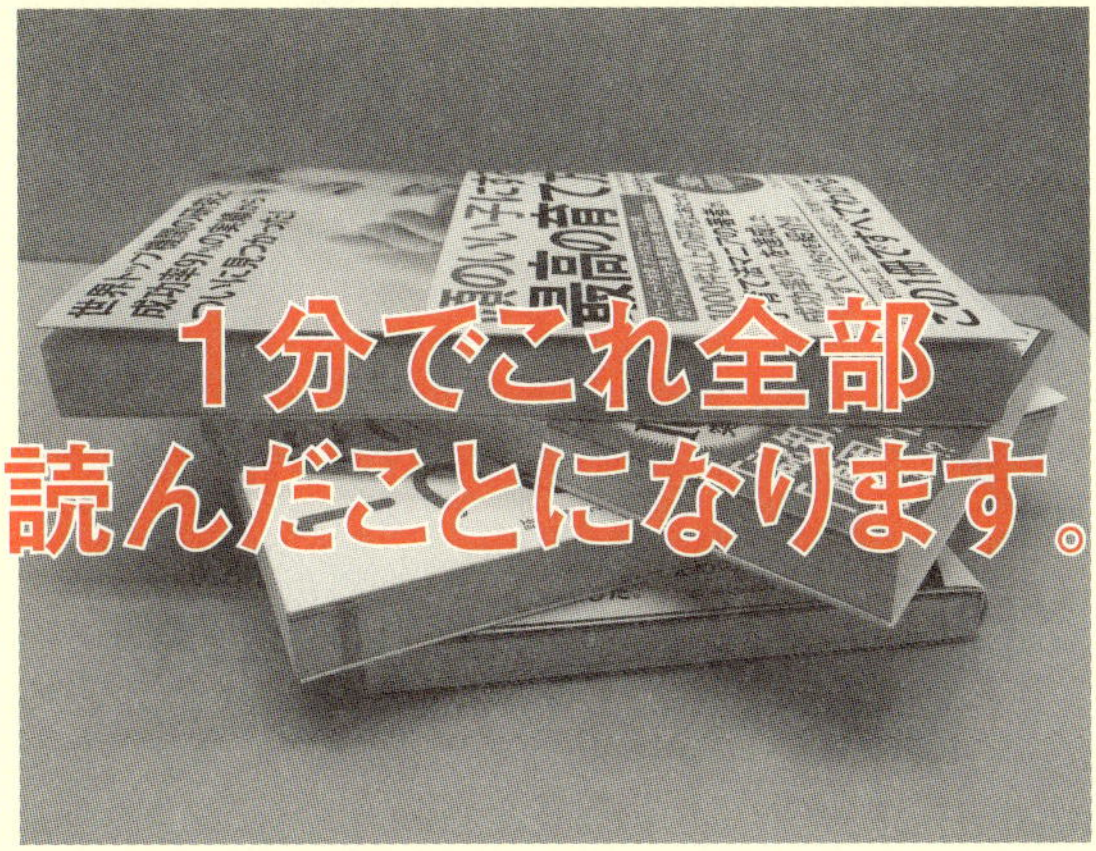

1年で、1冊3分で読めるように
なった人、なんと92％！

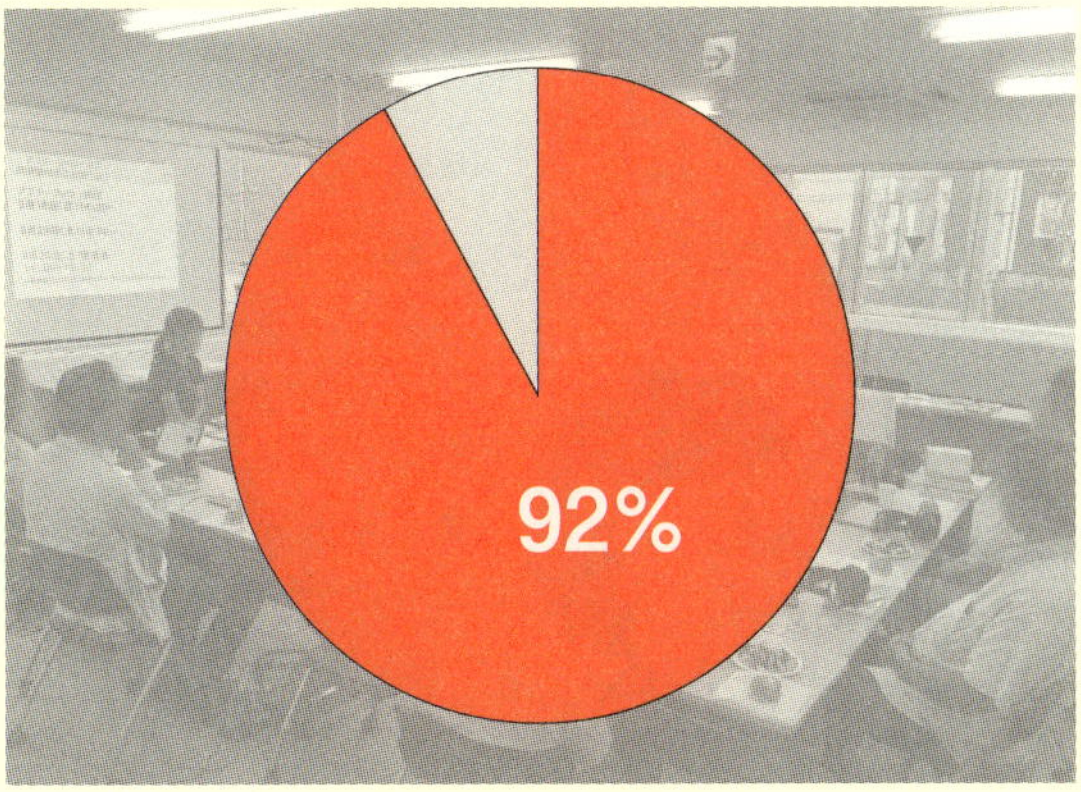

瞬読はココがスゴイ　その2

これまでの速読で挫折した人でも大丈夫！

後頭部のやや上方に
ミカンがあるのを
イメージする

→よくわからない……

一切しません。

マインドマップを作成

↓

めんどくさい！

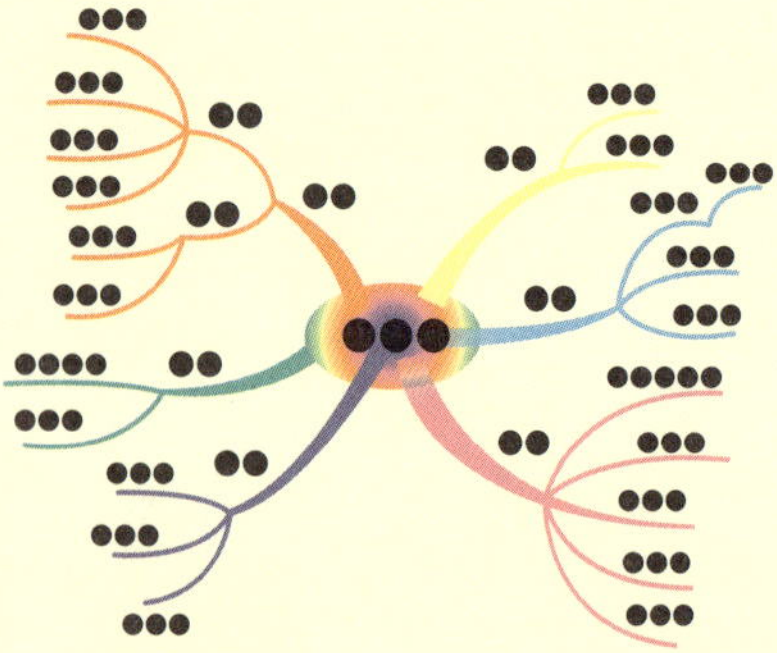

本より先にある花瓶などに
目の焦点を当てて
本はぼやけさせて見るようにする

↓

できない

眼球を鍛えて高速で動かすとか、
できましたか？
しんどくありませんでした？

こんなに速く動かせない…

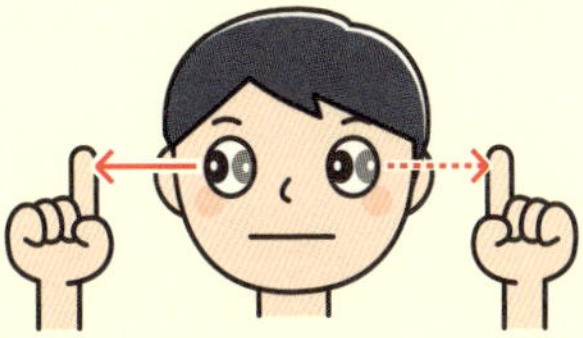

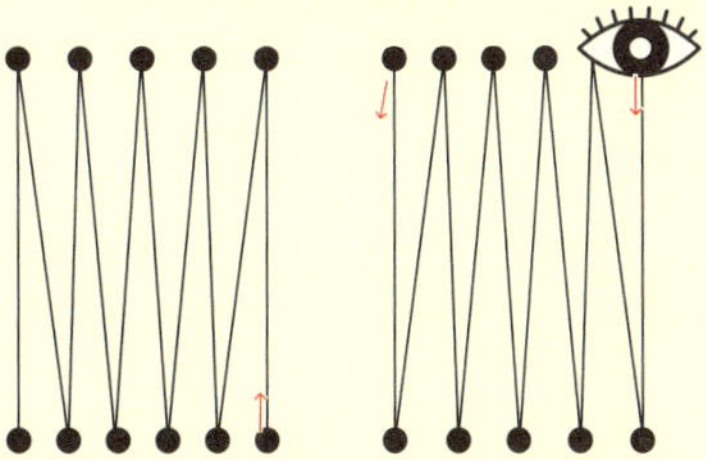

瞬読は、こんなことは世界一簡単です!

目が疲れる

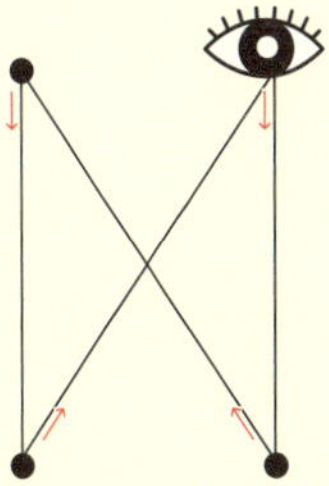

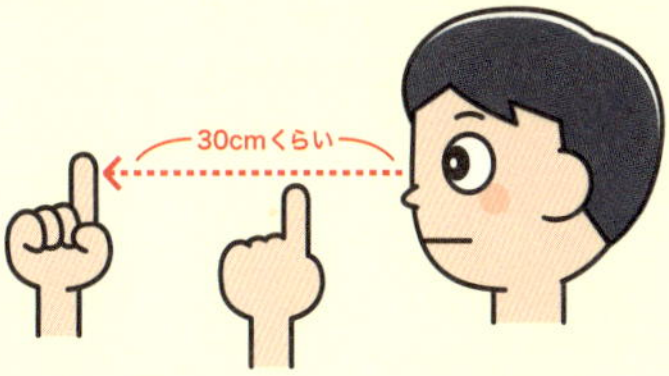

手前の指に目のピントを合わせたら、次は30cm くらい離れた地点にある指にピントを合わせる。以下、これを繰り返す

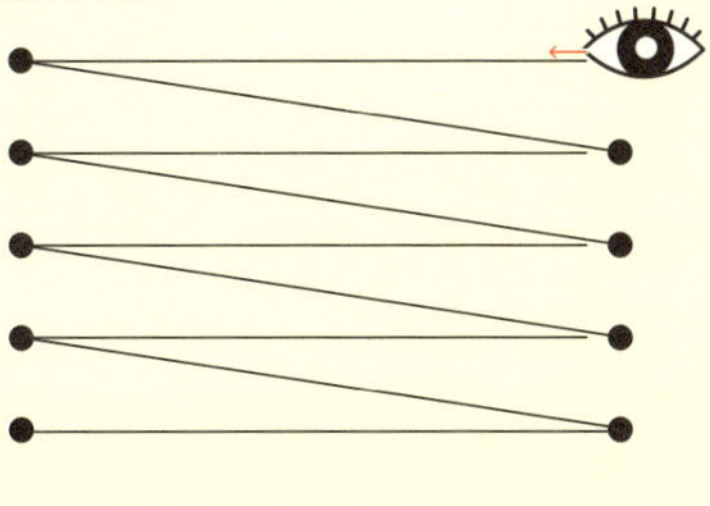

老眼が進んだから
自分には無理そう……

瞬読はココがスゴイ その3

ただ速く読むだけではない。本の内容をずっと覚えていられる!

1

瞬読を開始。

2

1冊の読書。
たったの3分で
終了!

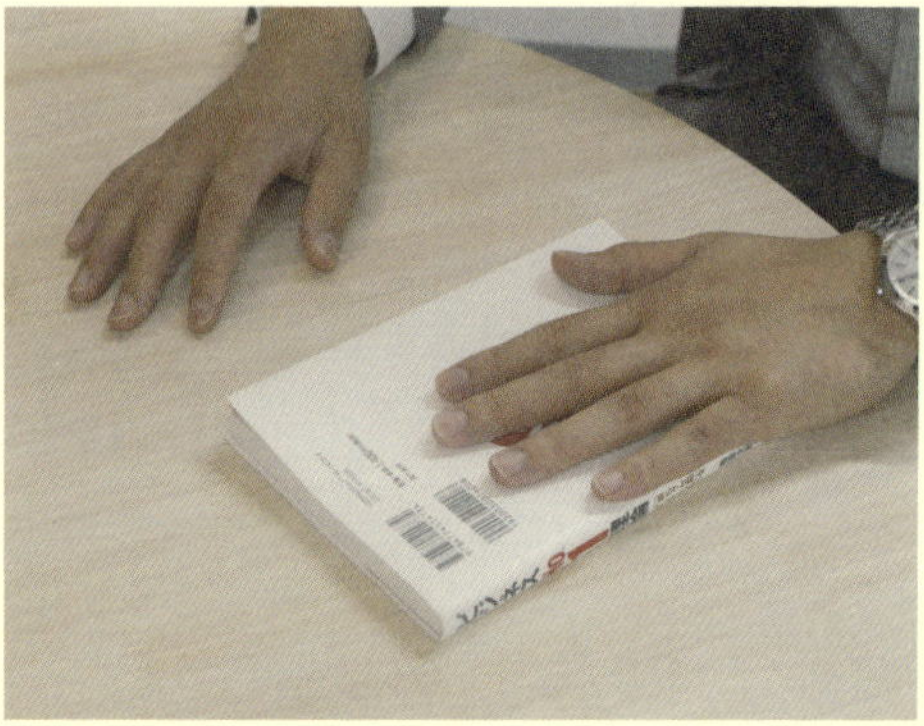

3

さて、本にはどんなことが書いてありましたか？ 原稿用紙に要約を書き出してみましょう。

4

えっ？　えっ!?　3分しか読んでないのに、なんでそんなにスラスラ書けちゃうの？　なんでそんなに覚えているの…？？

5

原稿用紙２枚分も、一気に書けちゃいました〜。

「受講してよかったのは、朝の忙しい時間に新聞のすべてのページに目を通せるようにもなったこと。他にも、記憶力が少し戻ってきた（笑）など、いいことがたくさん起きました」（山本さん・51歳）

「分厚い本や難しい本で、何度も読む必要がある本は、以前は数日もかかっていました。でも今は長くても数十分で読むことができるので、何の躊躇《ちゅうちょ》もなく読書をすることができています！」（戸松昌也さん・55歳）

「高３の夏休みから、大学受験のために瞬読を開始。国語はセンター試験で９割を獲得でき、記憶力は大幅にアップして世界史も攻略できました。おかげで、見事第1志望に合格です！　今は、英語以外の外国語の習得、情報処理能力でも効果を実感できています」（山中清太朗さん・19歳）

「恐るべし、瞬読！　その画期的な原理と仕組みに驚きました。私でも5回程のレッスンで1冊15分程度で本を読むことができるようになりました」（池田健一さん・55歳）

「瞬読」をやってみて……

喜びの声、続々‼

「立ち読みで、本が何冊も読めてしまいます（笑）」

「10分で1冊の本を3回読めるようになりました」

「メールを読むことが速くなり、
仕事のスピードが上がりました」

「40分で初見の英単語80語を
9割暗記できました」

「資格試験の問題を速く読めるようになり、
試験時間が余裕になりました」

「ボールがよく見えるようにもなって、
野球の打率が上がった！」

「仕事前の通勤時間で1冊読めるようになりました」

「ピアノの暗譜（譜面の暗記）が速攻で可能に」

「新幹線に乗る時は、
3冊以上の本を買ってから乗ります」

「本を逆さまにしても読める！」

「数学の公式も
すぐ覚えられるようになった」

はじめに

たった数時間で人生が好転する！
世界で唯一無二の速読術

「瞬読」とは、右脳で読むこと（入力／インプット）をした後、左脳で書き出す（出力／アウトプット）、世界で唯一無二の新しいメソッドです。

従来の速読術に比べると、**読書スピードが桁外《けたはず》れに速く、おまけに右脳の能力まで開発することができます**。そのため、**試験やテストに強くなるだけではなく、仕事や運動で結果を出したり、人間関係まで円滑にしたりすることができる。つまり、人生を一気に好転させる力を秘めたメソッド**なのです。

「そんなすごい技術なら、習得するのに何年もかかるはずだろう……」

そんな心配はご無用です。老若男女、どんな人でも、前向きな気持ちさえあれば、**たった数時間で自分自身を変えることができます**。

1時間半のトレーニングで、1冊3分で読めるようになる人も

具体的な数値を挙げて説明してみましょう。

わずか1時間半のトレーニングで、分速2万字以上というレベルにまで読書スピードを上げられた人も珍しくありません。これはだいたい、**本1冊が3分で読み終わる**スピードです。

そこまでいかずとも、3時間のトレーニングで「分速数千字」に、計9〜10時間のトレーニングを終えると「分速1万字」になる人も含めると、数えきれないくらいいらっしゃいます。

では「分速1万字」とは、いったいどれくらいの速さなのでしょうか。

新聞で言うと「朝刊1面」の文字数は約1万字。つまり新聞の1面を隅々まで約1分で読めることになります。

センター試験の「現代文」では、大問1問が4千〜5千字。つまり「分速1万字」だと約30秒で問題の文章を1回読み終えることができます。

このように読書スピードが速まると、時間の概念は一変します。

従来の速読、続けられました？ 速く読めるようになりました？

何より、どんな人でも挫折せず、短時間で本が速く読めるようになるのが、瞬読が多くの人に受け入れられた最大の理由でしょう。

速読というと、眼球を素早く動かす訓練をする方法も非常に多く出回っています。でも、疲れませんか？　年齢を重ねて視力が弱ってくると、なおさら厳しくなりますよね。

本全体の構成をイメージしたりマッピングで書き出したりする高度な手法もあります。ただ、面倒であったり難しいと感じたりはしませんか？

このように、**従来の速読と呼ばれるものは、手間がかかったり挫折しやすかったりするものばかり**に思えてなりません。

今までいろんな速読を試したけど、続かなかった。もう何か月、何年も続けているけど、**いっこうに速く読めるようにならない……**。そんな人を、私はたくさん見てきました。

と同時に、私が提案する**瞬読を始めることで、今まで速読ができなかった多くの方が、すぐに速く読めるようになっているのです！**

ただ速く読めるだけではない。
短時間で本の内容を吸収できる！

また、単に速く読めるだけで終わらないのも、瞬読の注目すべきところ。本って、何のために読んでいますか？　**知識や考え方を吸収したいから**ですよね（時間を気にせず、その世界観を味わいたい場合は別ですが）。つまり、読んだ内容をしっかり記憶しないと、意味がありません。

瞬読なら大丈夫。**素早く読み終わった後に、内容をスラスラと、それも原稿用紙に何枚も書き出すことだってできるようになる**のです。これは、本の内容が自分のものになっている、何よりの証拠でしょう。

それだけではありません。他の能力まで芋づる式にアップできるのが、瞬読の優れたところです。

いったいどんな能力が、どのようなメカニズムで向上するのか……。
その詳細は、後の本文に譲るとしましょう。

私は今まで、多くの人たちが瞬読に出会うことで人生が変わったのを目の当たりにしてきました。電子書籍を日々瞬読することで、売り上げを何倍も増やした経営者。激務の中、超難関の資格試験を見事に突破した会社員。半年の受験勉強で、慶應大学に合格した高校生など……。

瞬読が叶えた武勇伝を話し始めると、事例は枚挙にいとまがありません。「次はぜひ、あなたに人生を変えてほしい」、私はそう願っています。

本書を使うことで、誰でもどこでも瞬読をマスターできる！

私が運営する瞬読の講座を受講した生徒さんは皆、口を揃えてこうおっしゃいます。
「もっと早くに、瞬読に出会っていればよかったなぁ」

そんな声をいただく度、私は何かお役に立てられればという気持ちに駆られてきました。

「一刻も早く、世界中の皆さんに瞬読をお届けしたい」

そんな一念で、この度本書の出版を決意しました。


通常の講座では、受講生1人につきパソコン1台を用意し、トレーニングに取り組んでいただいています。ただ、このような環境をすべての方にお届けするには、まだまだ時間がかかることでしょう。

そこでいち早く瞬読のメソッドを習得していただくため、紙ベースでのトレーニング方法を開発しました。それが本書というわけです。脳に訴求する効果は、「パソコン」経由でも「紙」経由でも、ほぼ同等に得られることがわかっています。

まずは本書でいち早く瞬読の世界を体感してみてください。一人でも多くの方の脳に〝革命〟が起こることを願っています。

山中恵美子

CONTENTS

瞬読はココがスゴイ その1　短時間のトレーニングで驚きのスピードに！ 002
瞬読はココがスゴイ その2　これまでの速読で挫折した人でも大丈夫！ 004
瞬読はココがスゴイ その3　ただ速く読むだけではない。本の内容をずっと覚えていられる！ 006
「瞬読」をやってみて……　喜びの声、続々!! 008

はじめに

たった数時間で人生が好転する！　世界で唯一無二の速読術 010
1時間半のトレーニングで、1冊3分で読めるようになる人も 011
従来の速読、続けられました？　速く読めるようになりました？ 012
ただ速く読めるだけではない。短時間で本の内容を吸収できる！ 013
本書を使うことで、誰でもどこでも瞬読をマスターできる！ 014

第1章

「瞬読」は、従来の「速読」とはまったくの別物である

①なぜ今、「瞬読」を始めたほうがいいのか

素早い情報処理ができない人は、時代に取り残されていく 024
情報処理能力こそ、瞬読ですぐに鍛えることができる！ 026

②従来の速読での限界は、瞬読で乗り越えられる！

今までの速読は“眼球の動き”に大きく頼っていた 029
5倍速く読める、で満足？　どうせなら、もっと速くなりませんか？ 031
速読術には、「人」を選んでしまうものもある 032
センスや地頭力を問わず、多くのジャンルの本にも対応するのが瞬読 034
従来の速読では、読んだ内容が頭に残らなかった 037
本の内容のアウトプットまでできてこそ真の読書 039
瞬読をした人は、思考力、話す力、運動神経なども向上している 043

③使いこなせていなかった右脳をフル活用するのが、瞬読の秘密

瞬読と音読では、脳の使い方が全然違う 045
多くの日本人が眠らせている右脳をフル活用するのが、瞬読の強み 046
左脳ばかりに頼ると、脳全体の３％しか使えない 053

瞬読のトレーニングは年齢問わず、いつでも、どこでもできる 055
瞬読をマスターすると、他の能力もつられてアップする 057

④瞬読で、仕事が、そして人生がもっとうまくいく！

稼いでいる人、成功している人ほど、本を読み続けている 062
「学びたい」という夢や憧れこそ、最高のモチベーション 067

コラム

瞬読に出会って人生を成功させた人たち「読書以外の能力も身につきました！」

●楽譜も瞬時に覚えられるので、楽譜を見ずに演奏できた 069
●複雑な振り付けも、すぐ覚えられるようになった 070
●動体視力が上がるので、球技のスキルも上がった 071
●数学の成績まで上がった 073
●大人のビジネス・コミュニケーション力まで上がる！ 073
●外国語学習もスムーズになる 075

第2章

えっ、これだけ!? 瞬読はこんなに簡単にマスターできる！

本は「読むもの」ではなく「見るもの」である。その心は……?? 078
ステップ1 変換力を鍛える 082
ステップ2 イメージ力を鍛える 085
ステップ3 本を右脳読み 089
ステップ4 本の内容をアウトプット 090

瞬読なんでもQ&A集

Q. マーカーやラインを引いたり、付箋を貼ったりしてもよい? 093
Q. アウトプットは手書き? パソコンにキーボードで打ってもいい? 094
Q. 瞬読できるのは、基礎知識があるものに限られる? 098
Q. 題材にする本は、どんなものがいい? 099
Q. 新聞や雑誌など変則的なレイアウトのものや、漫画も速く読めるようになる? 100

Q. 子どもはどのような本で、瞬読をすればいい？ 101
Q. どうすれば早く瞬読をマスターできる？ 103
Q. 瞬読のトレーニングでは、休憩をはさんでもいい？ 104
Q. 完全に静かな環境で訓練を行うべき？ 105
Q. 「変換しやすい文字」と「変換しにくい文字」がある？ 106
Q. 道路標識や電車の駅名の看板を車窓から眺めることは、瞬読の訓練になる？ 107
Q. 昔からテレビは大好きだけど読書は苦手。どうすれば本に集中できる？ 108
Q. フルタイムのワーキングマザーなので、忙しすぎて本なんて手に取る暇がないんだけど……。 108

第3章 瞬読トレーニング ステップ1「変換力を鍛える」

1つの文字のグループを1秒以内で、リズミカルにどんどん進めよう！ 112
縦書きの例題 114
縦書きの問題 115

横書きの例題 122
横書きの問題 123
円状に並んだ文字の例題 131
円状に並んだ文字の問題 132
ランダムに配置された文字の例題 145
ランダムに配置された文字の問題 146
第3章「変換力を鍛える」解答 158

第4章

瞬読トレーニング ステップ2「イメージ力を鍛える」

1つの文を1秒以内で、リズミカルにどんどん進めよう！ 164
縦書きの例題 165
縦書きの問題 166
横書きの例題 188
横書きの問題 189

おわりに

第1章

「瞬読」は、従来の「速読」とはまったくの別物である

1

なぜ今、「瞬読」を始めたほうがいいのか

素早い情報処理ができない人は、時代に取り残されていく

あなたは、「時間」の価値をどのように捉《とら》えていますか。お金では、買うことができないプライスレスなもの。それが時間です。

もちろん、さまざまなサービスを駆使して、「物事を遂行するのにかかる時間」を短縮させることは可能です。

各駅停車ではなく、特急を使う。徒歩ではなく、タクシーを利用する。

企業であれば、仕事が増えればマンパワーを増やす、外注化する……。

その他、さまざまな代行業に頼れば、「それにかかる時間」を劇的に短くすることはできます。

けれども「時間自体を買うこと」は誰にもできません。大富豪であっても、高名な政治家であっても、ノーベル賞を受賞したような優秀な人であっても、です。

つまり、私たち人間は「時間を買えない」という意味では、誰もが〝平等〟なのです。

ですから、**「手持ちの時間」を増やすことができれば、できることが増えます。すると、夢を実現する確率もうんと高くなります。**

では、**どうすれば「手持ちの時間」を増やすことができるのでしょうか。**

ひとつの答えとして、「脳の情報処理のスピードアップ」が挙げられます。

なぜなら、現代社会で幸せに生きていこうとする限り、氾濫《はんらん》する情報の海から、正確にスピーディーに取捨選択を行い、それを自分の成長の糧とすることが欠かせないからです。

これは、ビジネスの最前線にいる人はもちろん、そうでない人にも当てはまる原則。快適な暮らしを望むときも、「情報処理」というタスクからは逃れにくいからです。

情報処理が「できるか、できないか」。さらに言うと「情報処理が速いか、遅いか」。このような違いで仕事や日常生活などであらゆる「格差」が広がっていくことになります。

科学技術の進歩がゆるやかな時代であれば、格差が拡大するスピードも緩慢《かんまん》なものでした。ところが、20世紀以降は「スピードの世紀」。大量の情報が高速で発信されるようになったため、格差の広がり方もより速度を上げています。そんな時代の変化に、あなたは対応ができていますか？

情報処理能力こそ、瞬読ですぐに鍛えることができる！

ひとつ救いがあるのは「情報処理」の技術は、何歳からでも獲得できるという点です。本気でトレーニングをすれば、中高年以降でもその技術を身につけることができます。

しかも、そのトレーニングは難しくはありません。幼いときからの鍛錬《たんれん》が求められるようなものでもありません。

本書の訓練を習慣化すれば、早い人なら1日で効果が実感できる、獲得しやすい技術です。

年齢や性格、今までの学歴や職歴、趣味や好みなど、個人的な〝条件〟も不問です。

「情報処理が速くなりたい……」

そんな一念さえあれば、個人的な条件が問われるという最初のハードルはすでに軽々と越えていることになります。

情報処理の重要性を痛感したら、次に考えてほしいのは、「どこから情報を得るか」という問題です。インターネット、テレビなどたくさんの手段がありますが、「本」ほど質が高く内容が濃いものはありません。本を読むということは、その著者の考え方や価値観までをも会得できます。

自分の視野や価値観を、さらに広げたり深めたりすることができます。さらにはあなた自身の人生そのものを変えることだってあるでしょう。

これから本書で解説していく**瞬読の技術を使うと、高い理解度を保ったまま、圧倒的短時間で本を読むことができます**。

「本を速く読む技術なら、今までにもさまざまな方法が存在したのでは？」

そんな質問も、よくいただきます。しかし、**従来の速読と、瞬読の技術は、まったく次元**

が違うものです。メカニズムも違えば、「読める速さ」の目標値もまったく異なります。

まずは、従来の速読について見ていきましょう。

2

従来の速読での限界は、瞬読で乗り越えられる！

今までの速読は“眼球の動き”に大きく頼っていた

今までも、情報処理の重要性に気づき、そのノウハウ開発に尽力してきた人たちは多くいました。けれども、それらのノウハウを比較すると、効果に著しい差があることがわかっています。

つまり、あなたがどの情報処理の方法を選ぶかによって、効果のレベルが自動的に決まってしまうことになります。どんなにヤル気に満ちている人でも、もともとの能力が高い人でも……。最良のノウハウを選べなかったせいで、目覚ましい効果を出せずに終わる危険性もあります。

ここでは、過去の速読について、おおまかにおさらいをしましょう。

科学の進歩に伴って、従来の速読が本当に有効なのか、検証する動きもあります。速読の流派は世に数あれど〝玉石混交〟なのです。

そもそも従来の速読とはどのような読み方なのでしょうか。

速読とは本来は、通常の理解度をある程度保ちながら、速く読むことをいいます。その多くの流派が「斜め読み」や「飛ばし読み」を推奨していません。理解力を維持しながら読書のスピードを上げるという考え方に基づいた理論です。

多くの速読に共通するのは〝眼球の動き〟に頼る、という点です。

目には上直筋《じょうちょくきん》、下直筋《かちょくきん》、内直筋《ないちょくきん》、外直筋《がいちょくきん》、上斜筋《じょうしゃきん》、下斜筋《かしゃきん》の6種類の筋肉（眼筋）がありますが、それらを鍛えることで、文字を見る速さを上げることを目指すのです。

そのため、「眼筋トレーニング」を推奨する流派もあります。「見る能力」を向上させるために、まずは眼筋から鍛える、という考え方です。

しかしこの方法だと、読むスピードが飛躍的に速くなるわけではありません。冷静になって考えればすぐに納得していただけるのですが、**どれだけ目の筋肉が鍛えられている人でも、またどれだけ真面目に取り組む人でも、「眼球」の働きには物理的な限度があるから**です。

5倍速く読める、で満足？ どうせなら、もっと速くなりませんか？

したがって、専門家の中には眼筋に頼る速読を「誰でも獲得できる技術ではあるけれど、そこそこの成果しかない」「通常の読み方の5倍程度にしかならない」と指摘する人もいます。

もちろん「読む速さが通常の5倍になるだけでも助かる」という人もいるかもしれません。

でも、あなたの目指すレベルは、本当にその程度でよいのでしょうか。

同じ長さの時間を、技術の習得に捧げるのであれば……。より効果が高いノウハウを選んだほうが、はるかに効率的ではないでしょうか。時間はもちろんですが、「体力」「お金」「モチベーション」など、人のリソース（資源）は有限です。

ある速読の団体は、一番速くて「1分で2100文字が読めること」を目標としています。

ちなみにその団体は、眼筋トレーニングを推奨しています。

「2100字/分」と聞いたとき。あなたはそれを「多い」と思いますか？「少ない」と思いますか？　原稿用紙1枚が400字ですから、2100字を換算すると、原稿用紙約5枚分。もしかすると「1分間で、原稿用紙が5枚も読めるなんてすごい」と思われるかもしれません。

しかし、よく考えてみてください。**瞬読であれば、1時間半の訓練で、1分間の読む速度が「約2万字」になる人もいます。成長がゆるやかな人でも、8時間の訓練でそのレベルに達することは珍しくありません。1年間訓練すれば、92%が成功しています。**

速読術には、「人」を選んでしまうものもある

眼筋トレーニングに頼らない速読法もあります。

アメリカ発祥で、日本国内にもブームを巻き起こした速読法を見てみましょう。

「1ページ1秒で読める」

そんなキャッチーな宣伝コピーで、意識の高いビジネスパーソンを中心に広がりました。ページを猛スピードでめくり、まるで撮影するかのように、本の情報を脳に取り込む読書法です。つまり、それまで主流だった「眼筋を速く動かす速読」とはまったく異なる方法です。

一歩進んでいるかのように思いますが、難しかったり、工程が複雑であったりすることも珍しくありません。たとえば、「心を集中」「目次から全体の構造を把握」「筆者への質問を作成」などを必要とします。

ですから、**どうしても気になってしまう点があります**。

1つ目は、「効果が得られない人も多い点」。

私の運営する瞬読の講座には、「今までこのようなさまざまな速読法にも挑戦したけれども、結局マスターできなかった」という人が何人も駆け込んでいらっしゃいました。

しかしお話を聞いてみると、そのような「人」の側に、非があるわけではありません。どの方も十分意欲的で、実務能力や社交性に富んだ優秀なビジネスパーソンです。ですから、このような速読法については**「向き不向きがある」「できる人とできない人の差が大きい」**と捉えています。

２つ目は、「準備に時間がかかる点」。

準備に時間がかかるということは**「心理的なハードルが高くなる」**というリスクも否めません。たとえば、「本を読む前に目的をはっきりと決める」「タイトルや目次などから、大まかに本全体を把握する」などの工程が生じます。このようなタスク（やるべきこと）が増えるにつれ、当然ながら心は緊張を強いられ、リラックスした状態から遠ざかることになります。

また、タスクが増えれば増えるほど、本筋の「情報処理」に集中することが難しくなります。本を読む前にタスクをいくつも突き付けられるより、**「用意は何もいりません」と言われたほうが、誰だって嬉しいはず。**

また「嬉しい」という快の感情に満たされているときほど、理想的な結果が出やすくなるものです。それに、ただでさえ「忙しい」とお悩みの方に、準備の負担を強いるのは「親切」とは言えないでしょう。

センスや地頭力を問わず、多くのジャンルの本にも対応するのが瞬読

いったい、瞬読とはどのような「技術」なのか。核心に迫る話をしていきましょう。

瞬読の最大の特徴は、短時間の訓練で、読む速度が驚異的にアップする点です。1時間半の練習で、「分速2万字」以上になる方も珍しくありません。わかりやすく言うと、たいていの本が約3分で読める計算になります。

また、**「分速36万字」という驚異的な記録を打ち立てた人もいます。これは、わかりやすく言うと「1分間に約4冊の本が読める速さ」です。**

瞬読をマスターした経営者の方からは、よくこんな声をいただきます。

「新しい分野に取り組むとき、本をその都度5～10冊は読む必要がある。今までなら、読むのに数週間以

▼受講生の1分で読める文字数が、「瞬読」のレッスンでどう変化したか

	レッスン前	2時間後	4時間後	6時間後	8時間後
40歳 会社員 Oさん	300字	15,750字	15,750字	12,600字	28,875字
55歳 会社役員 Iさん	333字	3,150字	15,750字	35,700字	―
44歳 会社経営者 Mさん	381字	13,650字	15,925字	18,200字	21,000字
33歳 会社員 Oさん	324字	2,450字	3,600字	14,400字	21,000字
34歳 医師 Wさん	300字	4,200字	2,770字	5,600字	13,650字

上かかっていたけれど、瞬読のレッスンを受けてから、1日で読めてしまうようになった。瞬読をマスターすることで得た金銭的な価値は、計り知れない」

また、瞬読は**「地頭力」や特別な「素養」「センス」が問われる技術ではありません**。その証拠に、「1年間のトレーニングで分速2万字のレベルに到達した人」は、先ほどお話ししたように全体の92％にも上ります。

従来の「速読」とも異なり、**眼球はほとんど動かさないため、目がそれほど強くない人でも安心して取り組んでもらえます**。

また、瞬読が他の「速く読む技術」と一線を画すのは、「身になる読書」ができる点です。

3分程度で1冊を読み切れるようになった後、要約をスラスラと書けるようになります。

ひとことで言うと「3分で読んでも、99％忘れない」読書法、それが瞬読です。

瞬読とは「速く読む」だけでなく、暗記力やアウトプット力まで、著しく強化できる技術なのです。

瞬読の強みは、まだあります。

それは、**「どんなジャンルの読み物にも対応ができる」**という点です。ビジネス書、生活実用書はもちろん、ノンフィクション、小説など。**技術をいったん身につければ、新聞や雑誌、また書類などにまで活用することができます。**

従来の速読では、読んだ内容が頭に残らなかった……

瞬読という方法はいったいどのような経緯で生まれたのか。その軌跡についてもお話ししておきましょう。

私は、関西と関東で学習塾を経営しています。今まで約2万人の卒業生を輩出してきました。職業柄、さまざまな予備校などの教育機関を見てきました。

実は、カリキュラムのひとつとして速読を導入しているところは珍しくありません。

しかし、速読を採用することで学習成果を上げているという事例は、残念ながらごく稀です。

私の経営する学習塾でも、**試験的に従来の速読を取り入れて**、生徒に実践してもらったことがあります。その結果、たしかに5倍くらいまでは、テキストを読むスピードは速くなりました。

しかし、致命的な問題が発生します。**速読をマスターして文章を速く読めるようになっても「記憶としてまったく脳に定着していない」**。**そんな生徒が続出した**のです。結果として、従来の速読は私の学習塾のカリキュラムとしては採用し続けることができませんでした。

その後、私は瞬読のメソッドを開発します。それを学習塾の生徒達に試験的に試してもらった結果、目覚ましい効果が表れることになります。

今度はテキストを読む速度がアップしただけではなく、なんと成績まで向上したのです。特にその傾向が顕著《けんちょ》だったのは、入塾時の成績が芳しくなかった生徒たち。入塾当初は合格を危ぶまれていたような生徒が、次々と難関校へと合格していきました。中には、勉強時間が物理的に減ったのに、成績がみるみる上がった生徒もいます。

つまり、**瞬読をマスターしたことで、理解力や集中力が向上し、より短い時間で学習効果を最大限まで上げられるようになった**のです。

このような、膨大な知見を積み重ねて体系化したのが、瞬読のメソッドです。

本の内容のアウトプットまでできてこそ真の読書

人間の知的な営みには「インプット（入力）」と「アウトプット（出力）」が存在します。

この2つは車の両輪のようなもの。どちらかが欠けたり、極端に多かったり少なかったりバランスが悪いと、よい結果は得にくくなります。

たとえ話をしてみましょう。

Aさんという読書好きの人がいたとします。

「本が大好きだから」といって、連日図書館に通い、そこにある書物を読破したとしても。Aさんがすぐに誰かの役に立ったり、報酬を得られたりするわけではありません。そのままでは、Aさんは「インプット過多」の状態です。

けれども、Aさんがアクションを起こすと、彼を取り巻く環境は変わり始めます。読んだ本の感想をSNSにアップすれば、世界中からインターネットを介して「いいね」や感想が舞い込むことでしょう。ブログを立ち上げて常に発信を続ければ、出版のオファーや、テレビや新聞からの取材依頼がくるかもしれません。

また、膨大な読書体験から得られた「本の選び方」などを体系化し、発信することに成功すれば、「本のソムリエ」「読書コンシェルジュ」などの肩書を自ら名乗り、職業にすることも夢ではないでしょう。さらに言うと、過去の文豪たちに影響を受けた結果、小説を執筆し、作家デビューを果たす可能性だってゼロではないのです。

つまり、人は何かを「アウトプット」して初めて、周囲からの評価を受け取れます。

それまで、どんなに数多くの名作を読破した経験があったとしても、その後何年間も沈黙しているだけでは〝宝の持ち腐れ〟。それほど惜しいことはありません。

また、算数や理科の「公式」について考えてみても、ご理解いただけるはずです。

「公式が使える」ということは、公式を暗記するという「インプット」と、実際に問題を解くという「アウトプット」、2つが揃った状態を指します。

学生時代、教科書に「公式」が出てきたとき。あなたは必ず例題を解いて、「公式」を使いこなせるか確認をしたはずです。テストのときに「公式だけを聞かれる」ということは、なかなか少ないものです。

このような〝知〟の常識を、瞬読も踏襲しています。ですから、「読む（インプットする）」という作業の後、その内容を「書き出す（アウトプットする）」ところまでを、瞬読だと定義しています。

もちろん、「読んだ内容を、一言一句、正確に書き出しなさい」というわけではありません。原稿用紙1枚程度（約400字）にまとめる、というのが瞬読の標準的な流れです。短ければ約100字、たくさん書ける場合は原稿用紙2枚などでも構いません。

瞬読後、いったい何を書き出すのかというと、「印象に残った箇所」「好きだと思った言葉」「真似してみようと思った事柄」「今の自分に必要だと思った教訓」など。最初は何でも構いません。

最終的には、「この本の中で最も重要だと思われること」（本の要旨）をつかむことを目指しますが、次第にできるようになります。

このトレーニングがクリアできれば、瞬読のエッセンスを体得できたことになります。後は自由自在に、目的に応じた読み方を使い分けられるようになります。

瞬読をマスターした人たちに聞くと「1冊の本から、そのときの自分に必要な情報をすべて取得する」という読み方をしている人が、圧倒的に多いようです。


手を動かして「書く」という作業で、脳に大きな影響を与えられることは、既に明らかになっています。瞬読のアウトプットとして「書く」ことが脳を刺激することにつながり、本から取り込んだ知識を、記憶として定着させることができます。

また「書く」という作業は、純粋に楽しいワークでもあります。

「書ける!」「書けた!」という自信や喜びを得られることで、充実感や自己肯定感を高めることにもつながります。


私の運営する瞬読の講座の生徒さんたちを見ていると、ワークの最中も、ワークの直後も、皆さん本当にいきいきとした表情をしています。最初は「100文字なんて自分が書けるわけがない」と尻込みしていても、実際に着手してみるとどんどん手が動くものです。最後は原稿用紙を1枚埋め尽くし、「もっと書けますよ」と頼もしい感想をくれる受講生も数多くいらっしゃいました。

このような楽しさや喜びが根幹にある限り、モチベーション（動機）は高いところで持続します。さらにトレーニングに取り組みたくなり、結果的に瞬読の技術を短期で習得することができ、飛躍的な速度で情報処理能力が高まっていくというわけです。

もちろん、その人の生活や人生にまで、楽しさや喜びが波及していくのは言うまでもありません。

瞬読をした人は、思考力、話す力、運動神経なども向上している

私の学習塾で瞬読のトレーニングを受講した生徒たちは、難関校への切符を勝ち取っただけではありません。

「速く読む技術」に限らず、思考力、コミュニケーション能力、想像力など、さまざまな能力を身につけ、音楽、スポーツなどでも好成績を上げるようになりました。また、自信があふれるようになり、表情が明るくなりました。

たとえば、視野が広がった結果、バスケットボールの試合中にコート全体の動きが把握で

きるようになりました。他にも、楽譜をすぐ暗譜（暗記）できて演奏できるようになったり、野球やテニスでボールの動きがはっきり見えるようになったり、ダンスやバレエの振り付けなどがすぐに覚えられるようになったり……。

つまり瞬読とは、速読の領域をはるかに超えた「人間の可能性を引き出す能力開発ツール」なのです。もちろん、その効果は小・中・高校生だけに限らず、ビジネスマンやＯＬ、主婦、経営者の方などあらゆる年代・職業の方で表れています。

大人の方に広まっていったきっかけも、やはり私の運営する学習塾からでした。生徒の保護者から「私も瞬読をやってみたい。うちの子にできるのなら、私にもできるはずでしょう」、そんなお声をかけていただいたのです。

そこで、保護者の方々にも瞬読のレッスンを受けてもらったところ、**1回のレッスンで通常の2～10倍速く読めるようになった方が続出**しました。

その後、学習塾から瞬読のカリキュラムを単独で切り離し、瞬読に特化した講座を運営するようになり、社団法人を設立するに至ったというわけです。以来、経営者やビジネスパーソンを中心に、その魅力が口コミで広がっているところです。

3 使いこなせていなかった右脳をフル活用するのが、瞬読の秘密

瞬読と音読では、脳の使い方が全然違う

瞬読では、**「音読」を〝厳禁〟**としています。

もちろん、音読には音読ならではの効用があります。幼児などの〝初学者〟には、ある一定水準までのさまざまな効果は期待できるかもしれません。また専門家の中には「音読が認知症を遠ざける」と説く人もいます。しかしそれは、瞬読が目指す「情報処理」とはまったく異なる効用であるはず。目的に応じて、読み方は変えるべきです。

仮に「音読でしか書物を読めない」となった場合。人生でいったい何冊の本を読めるか、想像してみてください。おそらく「1日で1冊」はおろか、「3日で1冊」というペースさ

え厳しいはずです。

専門的な話になりますが、**瞬読のときに使う脳の部位と、音読のときに使う脳の部位は異なります**。だから、それぞれ効用が違うのです。

多くの日本人が眠らせている右脳をフル活用するのが、瞬読の強み

いったいなぜ、瞬読は高速で、しかも大量に読めるのか。その秘密を握るキーワードは「右脳」、そして「潜在意識《せんざいいしき》」です。

これまでご説明したように、瞬読とは〝眼球の動き〟に頼る速読とは、まったく次元が異なります。右脳を使うことで、潜在意識に働きかける。それが瞬読の真髄です。

しかし、私たち現代人は、総じて「左脳」偏重の生き方を強いられています。

左脳とは、理性的なことを司る脳の部位です。本を読むといえば「左脳」で一言一句、意味を理解しながら読むスタイルが一般的です。

多くの人の場合、「右脳」は高い能力があるのに、指令が来ないため「働かなくていいのだ」と思い込み、休んでいる状態なのです。そこで「右脳を使おう」と意識をして、効率的に働きかけると、右脳は喜んで動き出してくれます。

瞬読とはそのように、右脳の活性化を促す方法のひとつだと捉えてください。

ここで、右脳と左脳について、詳しく定義しておきましょう。

大脳にある右脳と左脳は、役割をハッキリと分担しています。右脳と左脳の機能の違いは、一般的によく知られています。

左脳は、言語や論理的な思考を司る脳です。計算や分析などの処理を主に担当しています。

一方、右脳は物事をイメージとして捉える感覚的な脳です。ひらめきや直感は、右脳の働きによるものです。

・左脳……「言語」「計算」「分析」「論理的な思考」
・右脳……「イメージ処理」「全体的把握」「ひらめき」「創造的な発想」

そもそも日本人は「左脳型」（左脳の働きが右脳よりも活発な人）が多いとされています。その理由のひとつとして、義務教育の授業に「左脳を鍛える勉強」が多いことが挙げられます。左脳偏重の学習が、一概に「悪い」ということではありません。しかし、もう少し右脳を使うような機会を増やすと、学習効果は飛躍的に上がります。つまり本来、右脳も左脳も、どちらもバランスよく使う状態が理想的なのです。

日本の学校や組織で過ごす限り、どうしても左脳型の頭の使い方に偏りがちになります。そこで、瞬読で右脳を使うことが、よい刺激となるのです。

ただし、右脳で感じることがいくら得意であっても、左脳にうまく伝えることができなければ、答えにはなかなかたどりつけません。また左脳で分析する力があっても、右脳でうまくイメージとして捉えることができなければ、左脳の能力はなかなか発揮されないままです。

理想は「右脳で感じた事柄を左脳で分析し、答えを導き出していく」というスタイルです。

右脳と左脳、いずれも最大限にフル活用するとは、このような状態でしょう。

私たち日本人は、ともすれば「左脳偏重」になりがちだと自覚しておくこと。そして、**右脳が秘めている力を左脳と同レベルにまで引き上げるよう、努めることが大事**です。

右脳の力は計り知れません。わかりやすい例を挙げてみましょう。

たとえば、今まで読んだ漫画（コミックス）について思い浮かべてみてください。「印象的な場面を教えて」と言われたとき。あなたは、そのビジュアルか、言葉（セリフ、ナレーションなど）か、どちらをよく覚えているでしょうか。

たいていの場合、言葉よりもビジュアルのほうを鮮明に覚えているはずです。

もちろん「主人公が悪役の△△を倒して、ヒロインの○○と結ばれるあのシーン……」とあらすじで説明を試みる人もいるかもしれませんが、おそらく1枚のビジュアルを思い出すほうが、いちばん先であったり、脳がラクだと感じたりするはず。

人生の中で印象に残っている日のことを思い浮かべてみても、同じことが起きるでしょう。子どもが生まれた日、結婚式を挙げた日、去年のクリスマス、など。何を着て、何を食べて、どこに行ったのか、それが何十年前のことであっても、まるで写真のように思い出すことができるでしょう。それが、右脳記憶です。

つまり、**視覚的に記憶された「映像」は、記憶の中から情報として比較的容易に引き出すことができます。**

反対に「言語」は、記憶の中から呼び出すことが非常に難しいのです。

映像は右脳に、言語は左脳によるところが大きいのですが、この例から右脳が記憶を引き出すのも得意だということが、おわかりいただけたかと思います。

音楽についても、同様です。流行歌や、映画やテレビドラマの主題歌など、**音楽のだいたいの「メロディー」は、誰でもある程度まではすぐに覚えることができます。**その証拠に、好きな歌を「歌詞なし」の鼻歌で歌える人は多いものです。

しかし、音楽の「歌詞」を1曲記憶するというのは、とても困難です（サビの数小節だけなら、なんとか覚えられるかもしれませんが）。

テレビのバラエティ番組で、タレントさんが「歌詞を見ない」でどこまで歌えるかを競う企画がよくあります。どんなに好きな曲であっても、最後まで正確に歌えない人は多いもの。

つまり、それほど**言語を記憶するのは、脳にとってハードルの高いこと**なのです。

ですが、言わせてもらうと、それは左脳だけに頼りすぎているから。右脳の力をもっと使えば、記憶をする作業はもっと容易になります。

なぜなら、右脳には情報を「イメージ」に変換する強力な機能が備わっているからです。イメージで情報をとらえ、イメージで処理をすることに長けているため、右脳は高速で、しかも大量に記憶ができるのです。

では、右脳が本来持っている力を覚醒《かくせい》させたり、より伸ばしたり、日常的に活用したりするには、どうすればよいでしょうか。

私は、このように右脳を活性化させることを総称して**「右脳を開く」**と呼んでいます。

「右脳を開く」ためには右脳の力をアップさせるだけでなく、「右脳と左脳をリンクさせる（つなぐ）こと」も重要です。

だからこそ「読んだ内容をイメージで取り込む」（＝右脳の働き）**だけでなく、「読んだ後に内容を書き出す」**（＝左脳の働き）**ところまで含めて、「瞬読」でフォローしているのです。**

本書では、第3章から瞬読のトレーニングが始まります。これはイメージ力などを鍛えるためのものです。

誰でも気軽に簡単にできる、眺めるだけの訓練なので、堅苦しく考えることはありません。**テレビや音楽をつけた部屋でも、家族や仲間がいる部屋でも、寝転んだ姿勢でも行える**ものです。

このトレーニングで右脳に働きかけることにより、情報をインプットする速度が飛躍的にアップします。たとえば、ランダムに配置された文字を見ただけで、「脳が文字情報を既知の情報へと変換し、映像としてイメージする」という一連の流れが、一瞬で行えるようになります。

オートマティックに（自動的に）、脳の知識のストックから、言葉が引き出せるようになります。もちろん、理解度も連動して上がります。

つまり**瞬読の技術をマスターすれば、文字で書かれているはずの本の内容が、ビジュアルのイメージとして頭の中に流れこんでくるように感じられるようになります**。

ですから、「瞬読での読書経験」はリアルな体験に近く、「むしろ忘れるほうが難しい」というわけです。

左脳ばかりに頼ると、脳全体の３％しか使えない

ここまで見てきた通り、人間の大脳には右脳と左脳があります。

左脳とは、言語や論理を司る脳で、「顕在意識《けんざいいしき》」（表面意識）にかかわる部位です。

「顕在意識」とは、普段認識できる意識のこと。論理的な思考や判断力などを指します。

左脳は、コツコツ努力し積み上げる、いわば〝キャパシティー〟（許容量）の小さい脳です。

そのため、次々忘れないと次の情報を記憶できないため、短期記憶にしか向いていません。

また、緊張した意識集中により「疲れやすい」という特徴があります。

「脳は全体のうちわずか３％しか使われていない」とよく指摘されますが、この「３％」とは、そのほとんどが左脳（顕在意識）を指します。

一方、**右脳とはイメージで認識や記憶を行う部位で、「潜在意識」（無意識）にかかわります。**

「潜在意識」とは、通常認識できない意識のこと。感情や直感、本能的な欲求などが含まれます。

右脳は、言語での認識はせず、イメージで瞬間的に記憶・認識します。印象が鮮やかで強烈であれば、**イメージ記憶として長期間保存することができます。**あとから必要となれば、**その記憶を瞬時に蘇らせ、「ひらめき」「直感」として提示してくれます。**

このように、**本来「顕在意識」と「潜在意識」はどちらも欠かせず、2つで1セットとして機能するようにできています。2つの意識は、切り離されたものではなく、共同作業をしたり、助けあったり補いあったりしていることがわかっています。**ですから2つの意識のバランスが崩れると、心身に不調が起こることもあります。

現代社会は、「左脳優位」で、左右の脳の使い方がアンバランスになりがちです。潜在意識を軽視しすぎたり、置き去りにしたりも多い気がします。

でも瞬読で右脳を刺激すれば、本を速く読めるようになることはもちろん、人間の持つ可能性に気づき、人生においてさまざまな恩恵をもたらすでしょう。

瞬読は右脳にまず働きかけることで、潜在意識に保存性の高いイメージ型の記憶を刻みつけることができる。そう覚えていてください。

瞬読のトレーニングは、年齢問わず、いつでも、どこでもできる

瞬読の本質が「右脳に働きかける点である」とお話をすると、決まっていただく質問があります。

「脳の発達という点から考えると、発育途上である子どものほうが、年齢を重ねた大人より適しているのではないでしょうか？」

確かに右脳を活性化させやすいかどうか、という観点でいうと、「お子さんのほうがより早く能力を開発させやすい」とも言えるでしょう。

しかし、瞬読に限らず読書を速く行おうとするとき。「読めない漢字」「理解できない言葉」「馴染みがない内容」を読むことは、向いていません。

「速く読む」という技術は、あくまでも「読める字」「理解できる内容」「たとえ理解はできなくても、ある程度の興味を持つ内容」を情報処理する際に有効な手段です。

したがって、**瞬読は大人の方にこそ強くおすすめしたいノウハウ**なのです。

（お子さんの場合、勉強の習熟の度合いに応じて、読める文字の範囲で瞬読の訓練を行えば、大きな効果が

期待できます）

また、瞬読をマスターした後の脳は「情報処理を行うこと＝楽しい」という認識に切り替わっています。「自分は瞬読ができる！」「もっと瞬読がやりたい!!」というポジティブなモードに変化しているため、〝読書〟の捉え方も、まるで別人のように変わっています。

たとえば、「本を1冊買ったら、読むのに3日〜1週間はかかる」と思い込んでいたのが、「1冊手に入れたら5分でその内容を自分のものにできる」という具合です。

電車で片道約20分をかけて通勤しているKさんは「今日の職場への通勤時間だけで、頑張れば約4冊も読める」と読書計画を立てられるようになったのだそうです。「電車での移動は細切れで何もできない」という見方しかできなかった人が、「20分電車に乗るうちに4冊読める人」へとムリなく〝バージョンアップ〟できる。**たとえ何歳の人でも、違う自分になれる。これが瞬読の優れた力**です。

瞬読のよいところは他にもあります。それは、**いつでも、どこでもできること。これほど再現性が高いメソッドは、他にないはずです。**

電車内やホームで立ちながらでも、飛行機の中でも、準備なしで気軽に取り組めます。

瞬読をマスターすると、他の能力もつられてアップする

瞬読を体得した後は、単に「本を読むのが速い人」になるだけではありません。**右脳への働きかけで本を読む速度が向上すると、脳全体も活性化します。その結果、理解力や記憶力など多くの能力も連動して向上します。**

なぜこのようなことが起こるのか。それは、自動車の運転での「一般道から高速道路への切り替え」を想像してもらうとよくわかるでしょう。

一般道を時速40㎞で走っていた人が、高速道路に入って時速100㎞で走り始めたとき、一時的に「速くなった」と感じます。ところが数秒走るうちに、速さは感じなくなるはず。これが、速さへの順応（慣れること）です。

その後、一般道に戻ると、今度は「遅くなった」と感じます。これこそ、脳がさまざまな能力をアップさせた証拠。速さに適応することができた結果、さまざまな能力が「視覚」の

能力アップにつられて、芋づる式に引き上げられたのです。

瞬読をマスターすると、「本を速く読める」以外にどのような能力がアップするのか。具体的に見ていきましょう。

①情報を受け止める力

まず、情報をキャッチする能力が高まります。受け止めるキャパシティー（容量）が増えるため、「電車や車の窓から見える広告や看板などの文字が一瞬ですべて読み取れてしまう」というのは、瞬読経験者からよく聞く感想です。

それまで意識さえしなかったものが、くっきりと見えるようになる。たとえ、それが移動中であっても、「まるでそこに止まっている」かのように見える……。それは、動体視力が大幅にアップした証拠でしょう。

②反復練習を行う力

また、「反復練習」を行う能力も飛躍的に高まります。その結果、さまざまな試験（テスト）

で好成績を叩き出せるようになります。

どのような試験でも、1冊のテキストを1回瞬読しただけでは、点数はそこまで伸びないでしょう。ただ、瞬読の場合、1冊を読むときのスピードが速いため、「読む（インプットする）」という行為に対する心理的なハードルが非常に低くなります。そのため「何回も通読すること」が容易になり、そのたびに情報を「記憶」として何度も固めることができ、最終的には記憶はかなり強固になります。

たとえば、瞬読の技術で1冊を5分で読める人の場合。15分あればテキストを3回も通して読めることになります。

瞬読で、「自分に必要な情報をすべて取る作業」を3回も重ねるため、記憶できる内容は非常に広範囲に増え、定着の度合いも強くなります（脳科学の分野では、「人間の記憶は3回目で定着する」というのが定説になっています）。

③情報を処理する力

また、デスク作業やパソコン作業のスピードや効率も、目に見えてアップします。それは右脳が活性化したおかげで、これまでと同量の仕事や学習にかかる時間が大幅に短縮されるからです。
そのバロメーターとしてわかりやすいのが、「メールに返信する速度」です。今まで1通の返信に10分かかっていたところが、もし1通2〜3分で済むようになれば……。それは「メール処理にかける時間が3分の1や5分の1に減る」ことを意味します。すると他のあらゆる作業についても「処理速度が加速した」と考えられるはずです。

ここまでに挙げた能力はほんの一例です。このようにさまざまな能力がアップすると、当然のことながら、人生のあらゆる局面で良い結果が出せるようになります。

それだけではありません。**情報処理の時間を短縮できるおかげで、手持ちの時間が増えることになります。すると、その新たに生まれた時間を、よりクリエイティブなことに使ったり、社交や営業など人間関係を充実させていく時間に充てたりと、一層有効に活用できるようになります。**

健康管理にも、より時間を充てられるようになるでしょう。睡眠時間を適正に増やすことで慢性疲労から脱却できたり、スポーツクラブに通って健康づくりをしたり……。さらには、

趣味や家庭のことなどプライベートな時間を充実させて〝人生の質〟を格段に上げられるようにもなります。

私生活が充実すれば、その人の話し方や表情までぐんと良くなり、人間関係もよりなめらかなものへと進化していきます。「まったく新しい仕事にチャレンジしてみよう」、そんな心の余裕も生まれます。

つまり、瞬読をマスターすれば、お勤め型のビジネスパーソンの〝成績〟は、飛躍的に向上します。起業家や事業主、経営陣といった方々の場合、事業が理想的な形でどんどん拡大していきます。資格試験や受験勉強に励む人たちは、好成績を残せるようになります。

また、外に働きに出ていなくても。家事や育児、介護など、多くの事柄を同時進行している方からは「マルチタスク（複数の作業の同時進行）ができるようになった」「感情をうまくコントロールできるようになった」など、喜びの声が寄せられています。

これらの変化はみな、瞬読によって右脳を刺激した結果の、嬉しい〝副産物〟なのです。瞬読をきっかけに、右脳を味方につけることができれば、あなたの人生はより好転していきます。

4

瞬読で、仕事が、そして人生がもっとうまくいく！

稼いでいる人、成功している人ほど、本を読み続けている

私は今まで、数多くのビジネスパーソンに〝読書の効用〟についてヒアリングする機会に恵まれてきました。

瞬読の講座に来てくださる受講生はもちろん、経営する学習塾の生徒の保護者とお話しさせていただく機会も多くあります。また、さまざまなビジネスセミナーに参加して、異業種の方々との情報交換を重ねてきました。

第一線で活躍するビジネスパーソンたちが、口を揃えて主張すること。それは**「日本企業**

に勤める日本人は、読書量が圧倒的に少ない」という事実です。

アメリカ企業に勤めるビジネスパーソン、中でも「グローバルエリート」と称されるような人たちは、激務の中でも読書を習慣化している、というのです。どんなに忙しくても、「まるで呼吸をするように本を読む」のだとか。

「読書から得られる教養の差が、ビジネスの質の格差、所得の格差、幸福度の格差となっている」

そんな指摘を聞いて、私は何度もため息をついたものです。

日本企業にお勤めの方々にこの話をすると、たいていこんな反応が返ってきます。

「恥ずかしながら、たしかに今の自分は本なんて読んでいません……」

もちろん、そこにはさまざまな〝日本的な事情〟が潜んでいるはずです。

「忙しすぎて、読書をしようという気分にすらなれない」

「本をいくら読んでも、出世や昇給には関係がなさそうに思える」

日本の社会で生き抜く限り、さまざまな制約があることは確かでしょう。それらの理由を盾に「読書しない」ことを正当化したくなる心理もよくわかります。

しかし、本当に読書を遠ざけてばかりでよいのでしょうか。世界を舞台に活躍する欧米のグローバルエリートたちに、日本人はどんどん差をつけられていくのではないでしょうか。

読書にまつわる興味深いデータをご紹介しておきましょう。

全国の20〜60代の男女千人を対象にした日本経済新聞社産業地域研究所の調査では、「年収の高い人ほど書籍の購入費が高い」という結果が報告されています。

雑誌『PRESIDENT』(プレジデント社)が独自に行ったネットアンケートのデータもあります。「月に4冊以上本を読む」と答えた割合は、年収により次のように異なります。「年収1500万円以上」で34・6%、「年収800万円台」で17・8%、「年収500万円台」で17%となりました。

さらにアメリカの「Business Management Degree」での調査によると、「お金持ち」と「そうでない人」とでくっきりと明暗が分かれています。

・お金持ちの88%が、1日30分以上ビジネス書などを読んでいる(「年収3万ドル以下の層」は2%)

・お金持ちの86％が、読書家である（「年収3万ドル以下の層」は26％）
・お金持ちの63％が、移動時間にオーディオブックを聴いている（「年収3万ドル以下の層」は5％）

このように、**年収と読書量の間には明らかな相関関係がある**のです。

もちろん「読書量が多いから、年収が高い」のか。「年収が高いから読書量が多い」のか？「鶏と卵」の議論のように、どちらが先か、定かではない部分もあるかもしれません。いずれにしても、「読書量を増やすこと」で、いつの日か「年収を高めること」は可能なはずです。

職種によっては、組織的な理由で「昇給が望めない」ケースがあるかもしれません。けれどもこれからの時代、大企業でも「副業が認められる」という動きが出てきています。稼ぐ手段を会社に頼ってばかりもいられません。職場内の評価だけに、とらわれすぎなくてもよいのです。

さらに言うと「起業をする自由」だって残されています。

瞬読であなた自身の能力を高めることに、デメリットは何ひとつありません。**日常の中の隙間時間を有効利用できるのが、瞬読の強み**です。電車やバスなどに乗っている間も（それらを待つ間も）、実践することができます。

極端に〝多忙な人〟の事例として、成毛眞《なるけまこと》さんの例をご紹介しましょう。元マイクロソフト社長、現在書評サイトＨＯＮＺ代表などさまざまな肩書を持ち、マルチに活躍される実業家・成毛さんは、大変な読書家として知られています。

「集中して本を読む」という目的のため、すべての移動にタクシーを使っているのだとか。成毛さんはその費用について、次のように説いています。「通勤時間が往復で2時間かかるとして、それをすべてタクシーで過ごしたら5０００円かかるとしよう。年間に２００日通勤するとしたら、タクシー代が年間で１００万円かかる。でも、年間で４００時間もタクシーで集中して本が読めるわけで、これだけ本を読めば２００万円くらいは稼げるようになるのも難しくないはず。でも、みんなやらないんだよね」。

「タクシーの中」の他にも、瞬読に適した空間はもっとあるはず。**「ここでは読めない」という脳のストッパーを外せば、数分間集中できるスポットは、きっと見つかる**でしょう。

「学びたい」という夢や憧れこそ、最高のモチベーション

本章の最後で、確認をしておきたいことがひとつあります。

本質的なことを言うと、本を読むうえで最も大切なのは〝速度〟や〝記憶した量〟だけではありません。

それよりも、瞬読の技術をマスターした後「何を学ぶか」。さらに言うと「学んだことを実際の行動に移せるか」です。

「△△△の試験をクリアしたい」

「△△△ができるようになりたい」

「△△△△さんのような、スゴイ人になりたい」

「自分が携わる事業の新たなヒントが欲しい」

「一流の専門家の思考をトレースして、参考にしたい」など……。

読者の皆さんのモチベーションは、千差万別でしょう。しかし今よりも「自分をもっと成長させたい」という願いは共通しているはず。その純粋な思いを、どうか大切にしてください。それさえあれば、第3章以降でご紹介する瞬読の訓練は「夢に近づくための楽しい作業」と感じられることでしょう。

成功哲学の祖・アメリカのナポレオン・ヒル博士は「思考は現実化する」という名言を遺してくれています。彼は著作の中で「成功をイメージし、深層心理に植え付けることで、自身の行動が変わり、成功できる」と繰り返し述べています。

つまり、イメージを司る右脳に、常に夢（願望）を訴え続け、深層心理に夢を植え付けることで、夢はぐんと実現しやすくなります。

あなたが瞬読をマスターして、実現したい夢は何ですか。

未来の幸せなビジョンを強く意識しながら、本書を読み進めてみてください。

コラム

瞬読に出会って人生を成功させた人たち「読書以外の能力も身につきました！」

● 楽譜も瞬時に覚えられるので、楽譜を見ずに演奏できた

瞬読をマスターした女性・Uさんから、次のような感想をいただいたことがあります。

「以前はピアノの暗譜が苦手だったのですが、瞬読ができるようになった後は、暗譜が得意になりました。2～3回弾いただけで、いつの間にか暗譜できるようになったのです」

通常、「暗譜をして演奏をする」ときは、体のさまざまな感覚の力が総合的に求められます。「聴覚」はもちろん、「触覚」「視覚」も……。たとえば歴史のテストのように、何かを「丸暗記」すればよいという質のものではありません。

聴覚や触覚や視覚をまんべんなく駆使する指揮者は、「脳」です。Uさんのケースは、瞬読によって右脳を効率よく使えるようになったところ、脳全体が活性化し、結果的に暗譜まで得意になったということでしょう。

本人は、このような副次的な効果をまったく予期していなかったそうで、脳の秘める力に驚き、同時に大変喜んでいました。「本を速く読めるようになる」だけでなく、他の分野でもひとりでに成功体験を得られるとは、素晴らしいことです。

●複雑な振り付けも、すぐ覚えられるようになった

「バレエの振り付けを暗記するスピードが、格段に速くなりました」

「バトントワリングの動きやフォーメーションを、すぐ覚えられるようになり助かっています」

バレエやバトントワリングなど、踊ることを趣味にしている女性たちから、よくこのような感想をいただきます。瞬読をマスターした後、このような変化が現れたのだというから驚きです。

踊りの世界は、指導者（リーダー、振付師）などが踊ってみせるお手本を、各自が「見て覚える」というレッスンのスタイルが一般的です。指導者から個別で、手取り足取り、きめ細かく教えてもらえるわけではありません。

また、その場で振り付けが変わることも珍しくありません。だから、振り付けをせっかく

覚えたとしても、その都度記憶を〝更新〟しないといけないのです。

レッスン中は、何かにメモをできるような状況ではありません。よほどのことがない限り、動画で記録をさせてもらえるわけでもありません。まさに自分の脳だけが〝頼り〟なのです。

なぜ、瞬読をマスターした後に、踊りを覚えやすくなったのか。それはやはり、右脳を鍛えたからでしょう。

右脳を鍛えた後、連鎖的に「動体視力」や「空間認識能力（距離感やスピードなどを素早く正確に把握する力）」がアップしたと考えられます。また、踊りに必須の「音楽性（音やリズムをつかんで反応する能力）」や、それらを協調させる「コーディネーション能力」なども磨かれたのでしょう。もちろん「判断力」や「記憶力」も飛躍的に向上したはずです。

瞬読をきっかけに、踊りの分野でも才能を開花させた彼女たちが、次はどのような話を聞かせてくれるのか。楽しみでなりません。

●動体視力が上がるので、球技のスキルも上がった

瞬読をマスターした男性の中には、球技を趣味にしている人も多くいます。彼らからは「なぜか球技のスキルが上達した」という喜びの声を、よくいただきます。

「視野が広がり、バスケットの試合中にコート全体の動きが把握できるようになった」
「バッターボックスに立ったとき、ボールの動きがはっきり見えるようになった」
「テニスボールの軌道が見えるようになり、対戦成績も上がった。ナイターのときなどはボールを見失うことが多かったけれど、なぜかくっきり見えるようになった」

これらはいずれも、動体視力がアップしたことが〝勝因〟でしょう。

また空間認識能力が向上したことも、寄与しているはずです。空間認識能力とは、自分の周りに存在する物、たとえばボールの距離感や、動くスピード、大きさなどを素早く正確に把握して認識する力のこと。この空間認識能力は、スポーツ選手には必須の能力だとされています。

また、野球のイチロー選手や、サッカー元日本代表の中田英寿氏など一流のプロスポーツ選手の空間把握能力は、並外れて発達していると言われています。

球技のスキルが上がったと実感している本人たちは、瞬読を始める前、このような副次的な効果についてはまったく予想していなかったと言います。瞬読をマスターすることにより、予期せぬ素晴らしい変化が起こる可能性は、他にもあると言えそうです。

数学の成績まで上がった

「瞬読マスター後、数学の成績が上がった」という報告を、学習塾の生徒さんからよくいただきます。特に、幾何（物の形や大きさ、位置関係など、空間の形式的な性質を研究する数学の一部門）の分野が得意になったという声が多いです。高校生のWさんは「面積や体積を求める文章題の問題を読んだとき。その図が二次元、三次元のビジュアルとなって頭に浮かんでくるようになった」と教えてくれました。そのような経験上、「瞬読の能力と数学（物理も）の学力の間には、相関関係がある」と私は実感をしています。

また、数学教育の専門家である高名な大学教授から、瞬読についての問い合わせをいただいたこともあります。その教授は、大学受験数学のバイブル的存在の参考書の編集に何年間も携わられてきた、受験数学の権威です。瞬読の力と数学の能力の密接な関係について、指摘してくださいました。

大人のビジネス・コミュニケーション力まで上がる！

「私の職種は、検定試験も昇級試験も関係ない。査定はすべて〝人間力〟にかかっている」

そんな理由で「今の自分に瞬読の技術は必要ない」と言う方もいます。しかし、コミュニケーション勝負の職種の方にこそ、おすすめしたいのが瞬読です。

テレビ業界で働く40代男性・Eさんのエピソードをご紹介しましょう。Eさんは、テレビ番組のスタッフです。毎週放映のレギュラー番組を制作しています。その番組は、毎回何人もゲストのタレントさんや文化人の方を招き、トークを繰り広げてもらうというスタイルです。Eさんは、毎週多くの初対面のゲストと打ち合わせをしなければなりません。

ゲストの皆さんは、お仕事に協力的で友好的な方がほとんど。しかし、番組側からお願いごとや交渉をせざるを得ない局面も多々あります。不思議なことに、Eさんは瞬読をマスターしてから、そのような〝折衝《せっしょう》〟がすべてうまくいくようになったというのです。

「〝折衝〟と〝瞬読〟の間に、いったいどんな関係があるのか?」

そう思われる方も多いことでしょう。じつは、Eさんは瞬読をマスター後、番組ゲストの資料、中でも著作の読み込みを徹底したのだそうです。ゲストの中には5冊、10冊と著作がある人もいます。それらを事前に入手し、瞬読をして打ち合わせに臨むようにしたところ、「私の本をそんなに読みこんでくれたんですか!」と相手に感激され、話がスムーズにまとまるようになったのだとか。それまでは「本なんて、1冊読むだけでもしんどい」という認識だったので、著作を読むこともなしに打ち合わせをしていたのだそうです。

これは、マスコミ業界をはじめ、接客業などあらゆる業種で参考にできる教訓です。また、著作のない方でも、ブログやツイッターなどの各種SNSを運営している人は多いもの。そのようなネット上での情報収集の場面でも、瞬読は力を発揮してくれます。

●外国語学習もスムーズになる

瞬読のトレーニングを行うとき。最初は、母語としている言語で訓練を行うのがベストです。ただし、いったん瞬読の技術を体得したら、その技術は他の言語にも応用可能です。

たとえば、大学入学後、履修科目のスペイン語をゼロから勉強し始めたSさんは「瞬読の技術がとても役に立っている」と話してくれました（ちなみにUさんは、大学受験の英語と国語も瞬読の技術で乗り切り、見事、難関私立大に現役合格しました）。

また、「語学＝難しい」という心理的なリミッターが外れた結果でしょうか、Sさんはフランス語の学習も、独学で始めたそうです。高校時代は、「英語好き」というわけではなかったSさんですが、瞬読との出会いを経て「語学好き」へと大変身。その変化に、周囲もいい意味で驚かされています。

第2章

えっ、これだけ!? 瞬読はこんなに簡単にマスターできる!

本は「読むもの」ではなく「見るもの」である。その心は……??

今まで、瞬読のメリットから、脳のメカニズムに至るまで、大事なお話をしてきました。

ここから、瞬読のトレーニングの実践的な方法について、解説していきます。

トレーニングといっても、肩肘を張って行う必要はありません。そのやり方はシンプル。

なんといっても、第3章（111ページ〜）を、**「1ページ10秒程度」ずつ眺めて、どんどんページをめくり、目でそれを追うだけ**、なのですから。第4章（163ページ〜）については、「1ページ4秒以内」になります。

ただし、気をつけてほしいことが1つあります。**ページに印刷してある文字の全部を「読もう」としたり、「意味を取ろう」としたりしないでください**。

第3章では、もともとは1つの言葉だったものを、文字をバラバラに並べ替えたものを載せています。たとえば、「コスモス」の文字を並べ替えて「ススモコ」となっていたりします。

ただし、**すべてを正しく並び替えて、意味を取る必要はありません**。

第4章では、短くて2行、長くて5行の文になっていますが、どれも見る時間は1秒以内です。これらも、すべて文の意味を正確に取る必要はありません。

それよりも「通しで第3章（ないし、第4章）のすべてをめくり終える」という作業を優先させてください。

第3章では、「1回目で、すべて正しく並び変える必要はない」「いつか正しく並び変えられるようになる」というおおらかな気持ちで、気長に取り組みましょう。

第4章についても、「5行の文でも、そのうち1秒以内で意味がつかめるようになるだろう」程度の気持ちでいてください。

「すべての意味を、正確に取らないと気持ち悪い」と感じる方も、多いでしょう。しかし、1ページ中にあるすべてを正しく並び替えるには、30秒どころか、慣れないうちは1分以上かかることもあります。

それでは、左脳で論理的に読む「左脳読み」になってしまいます。せっかく右脳を活性化させる目的でトレーニングをしているはずなのに、右脳は眠ったままです。

右脳に働きかけるためには、逆説的に思えますが、ちらっと「見る」だけで十分。「単語をすべて正しく並べ替えられなかった（変換できなかった）」と感じても、そのまま次のページに移ってください。

（その証拠に、瞬読を終えた後「読めていない」と思っても、いざ書き出してみると、内容を予想以上に正確に覚えていたり、大量にアウトプットしたりできるものです）

不思議に聞こえるかもしれませんが、ページごとに「読み込まない」という姿勢は大事です。「読み込まない」姿勢を身につけること。それが、1冊の本を3分で瞬読できるようになる近道です。

真面目な方ほど、最初は違和感を覚えるかもしれません。

しかし、右脳で読むからこそ、大量かつ深く記憶できるのです（＝右脳読み）。

左脳で読み込んでは、従来の読み方や速読法と同じになってしまいます（＝左脳読み）。

瞬読のトレーニングにおいて大事なのは、「ただ見ること」。だからこそ、瞬読は誰でも簡単にできるのですが。

もっと言うと「読まないこと」「考えないこと」「頑張りすぎないこと」……。そう肝に銘じてください。

瞬読をマスターするまでの流れは、次の通りです。

ステップ1　変換力を鍛える（第３章で強化トレーニングができます）

ステップ2　イメージ力を鍛える（第４章で強化トレーニングができます）

ステップ3　本を右脳読み（手持ちの本で訓練を繰り返し行ってみましょう）

ステップ4　本の内容をアウトプット（手書きでアウトプットをしてみましょう）

次に、１つ１つのステップを解説します。

ステップ1 変換力を鍛える

ステップ1では、誌面にランダムに配置された文字のグループを、自分自身の知っている言葉に高速で変換するトレーニングを行います。このトレーニングは、第3章で行います。

たとえば、左上にあるように、バラバラに並んだ文字から「パイナップル」という言葉に変換します。

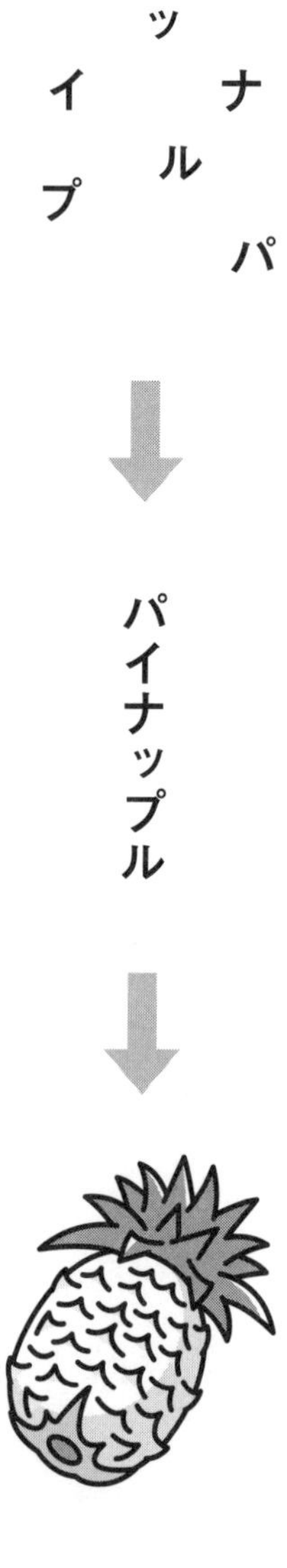

人間の脳は、「バラバラに見える文字」を、本能的に「既知の情報に変換しよう」とする働きがあります。なぜなら脳は「無秩序な状態」を嫌い、「正常に整った状態」を好むからです。**そのような能力を、本書では「変換力」と呼びます。**

もちろん、文字を並べ替えるときは「自分が知っている言葉」にしか置き換えることができません。本書では、(ごく一部の単語を除けば)小学校中学年以上を対象にして第3章、第4章のトレーニングを作成していますので、ほとんどの人ができるようになっています。

ただ、幼児など小さなお子様の場合は、知らない言葉が多いかもしれませんので、保護者が「『パンダ』『たんぽぽ』など非常に平易な単語の文字順を並び変えたカード」を手作りして、トレーニングをするなどの方法をおすすめします。

変換力を鍛えるために最も大事なことは、制限時間内で行うことです。適度なリミットがある状況のほうが、脳はモチベーションを上げたり、潜在的に持っている力を最大限に発揮しやすくなったりすることがわかっています。

だから「タイムを気にせず、なんとなくトレーニングを行う」のではなく、「1つのバラバラに並んだ文字につき、1秒以下」という制限速度を常に気にしながら、文字の並び替えをしてみてください。

パソコンで瞬読のトレーニングをする際は、私たちが開発した特殊な教材（ソフト）で行います。その教材では、まるでゲームのように、画面上でバラバラに並んだ文字が「瞬間的に現れて消えるシステム」になっています。1つのバラバラに並んだ文字につき、約1秒から0・05秒の間で調節できる仕様です。つまり、強制的に文字が画面上から消えてしまうため、じっくり読みたくても読むことができない構造になっています。左脳読みをしたくても、右脳読みをせざるを得ないのです。

このシステムを、紙製の本で再現することを試みたのが、本書の第3章です。パソコンでのトレーニングと同等の効果を目指す場合、自分の意志の力で、たとえ読めていなくても、強制的にページをめくる必要があります。どうか心を鬼にして、「読めていなくても」ページをめくってください。

「秒速1秒以下」を徹底する手段として推奨したいのが、グッズの助けを借りることです。「カチ、カチ、カチ、カチ……」と細かく時を刻むメトロノームや、アナログ時計の秒針などで、「1秒」という長さを脳と体に刻みつけてください。「1秒は意外に長い」と感じられるはずです。

メトロノームやアナログ時計に代わる手段として便利なのが、**スマートフォンの無料アプリ**です。1秒どころか、たとえば0・5秒など短い単位でアラーム音を出してくれるものもあります。

実際、「1ページ1秒以下」という秒速のスピードでトレーニングを行う場合、「制限時間を気にしてページをめくる」という感覚よりも、「リズムをつけて、とにかく〝秒速〟でページをめくる」という形容のほうがしっくりくるかもしれません。

大事なことなので繰り返しますが、「右脳読み」を定着させるためには「わからなくてもページをめくる」というのが鉄則です。

ステップ2　イメージ力を鍛える

次の段階では、複数行の文を瞬時に読み取るトレーニングを行います。このトレーニング用にまとめられたのが、第４章です。

「文を瞬時に読み取る」と言っても、一言一句、丁寧に読み取る必要はありません。

たとえば、次のような文章があったとします。

「麦わら帽子をかぶった小さな女の子が公園のベンチに座ってシャボン玉をふいています。」

麦わら帽子をかぶった
小さな女の子が
公園のベンチに座って
シャボン玉をふいています。

「帽子」「女の子」「ベンチ」「シャボン玉」など、重要なワードだけを読み取ってください。一部の形容動詞や助詞などは、読み飛ばして構いません。

そして、読み取ったワードから、図のようなビジュアルを瞬時に思い浮かべる訓練を行います。それが「イメージ力」です。

つまり、**文字をイメージとして受け取り（インプット）、ビジュアルとして連想（アウトプット）するトレーニングが、ステップ2**です。この訓練を繰り返すと、右脳が刺激されます。

もちろんこの訓練も、ステップ1と同様に、1つの文を1秒以下の速さで強制的にめくり、「完璧なインプット」を目指しすぎないことが重要です。メトロノームや、アナログ時計の秒針、スマートフォンの無料アプリなどを活用して、「1文1秒以下」での情報処理を目指してください。

「ビジュアルをイメージしてください」というと、「難しい」と言う方も中にはいらっしゃいます。

でも、難しく考えすぎることはありません。**見聞きした文字を脳内でビジュアルとしてイ**

メージ化することは、じつは誰でも無意識のうちに行っています。

たとえば、ランチで何を食べるか、同僚と雑談をしているとき。

「いつもの定食屋にする？」

「イタリアンにする？」

「ちょっと豪華に、お寿司にする？」

言葉を発語する瞬間や、聞いた瞬間。必ず脳内に、メニューのビジュアルがイメージされているはずです。そのイメージする作業を意識的に速く行うのが、ステップ2です。イメージ力を司っているのは右脳なので、右脳がより活性化することになります。

文字をインプットするとき、左脳読みに陥らないよう、気を付けてください。1つの文を「1秒以下」のスピードでめくり続けると、左脳読みは防ぐことができます。

「何をイメージすればよいのかわからないもの」「ビジュアルとしてイメージができないもの」については、保留でOK。そのページは飛ばして、どんどん次にいきましょう。「次に通しで瞬読する際に、できればいい」という考え方でいきましょう。

「できなかったところ」を、ピンポイントで復習する必要はありません。それでは左脳に依存してしまいますから。

ステップ3　本を右脳読み

ステップ1、2を終えたら、いよいよ実際に本を右脳で読んでみましょう。

（「どのような本を読めばよいのか」「瞬読をしながら、マーカーやラインは引いてもよいか」などの疑問については、後のQ＆Aコーナー（93ページ〜で詳しくご説明しています）

実際にページを開いたとき、情報が入りやすい「視点の動かし方」は、人それぞれ違います。**自分に合った視点の動かし方で、取り組んでみてください。**

なるべく多くの文字をいっぺんに見るようにして進めてください。最初は、1行の半分ずつでも大変かもしれません。でも、【ステップ1】【2】【3】を繰り返していくことでだんだん慣れてきて、見ることのできる文字数も増えていくはずです。1行がいっぺんに、2行がいっぺんに、3行がいっぺんに、というように。

やがては、1ページ丸ごとなど、できるようになる人も珍しくありません。1ページごとに瞬読する人もいれば、2ページ（見開き）ごとを1ブロックとして捉えて瞬読する人もいます。何パターンか試行錯誤を繰り返せば、心地の良い目の動かし方はすぐに見つかるはずです。

この瞬読を始めた方の多くは、分速1万字程度の読書スピードにまで到達します。わかりやすく言うと、200ページ程度の小説やビジネス書であれば、10分以下で読み終えられる計算です。具体的に言うと「1ページ3秒以下」のスピードで瞬読すれば、これらの目標は楽々クリアできることになります。

ステップ4　本の内容をアウトプット

いよいよ瞬読の最終ステップです。

右脳でインプットした情報を口頭で話したり原稿用紙に記入したりして、アウトプットする練習を行います。これは、従来の速読法にはない、いわば「仕上げ」の段階です。

この工程を経ることで、本から取り込んだ内容をより強固に定着できるようになります。また脳も、全体的に一層活性化します。

なぜかと言うと、このステップ4では「左脳」を主に使うからです。左脳と右脳を両方使うことで、脳は全体的に能力をアップさせることができます。

内容を論理立てて説明するということには、左脳が使われています。つまり、右脳でインプットした情報を左脳でアウトプットするトレーニングを行います。上の写真は、瞬読を受講する方が、1冊読破後に一度も本を読み返すことなく要約を書き出している様子です。

「私は、文章を書くことが苦手だ」

そんな人も臆《おく》することはありません。

また、このステップの目的は「美しい文章を書くこと」でも「名文を書くこと」でもありません。論理的な整った文章を書こうとする必要もありません。「自分の脳が、きちんと機能しているか」「自分の脳が使えているか」を検証するために書くのです。

箇条書きの羅列でもよいですし、印象に残った単語をいくつか書き留めるだけでも十分です。2回、3回と回数を重ねるうちに、徐々に文字数は増えてくるでしょう。

反対に「書かなければいけない」と捉えると、「アウトプットが面倒だから、瞬読をやりたくない」と思い込んでしまう可能性があります。

どんな技術も、楽しみながら行ってこそ、身につくもの。心の負担にならないよう、気負わず手を動かしてみてください。


また、スマホ上のメモやアプリなどにフリック入力で書いたり、パソコン（ワープロ）にキーボード入力したり、音声録音したり……という記録の仕方は推奨していません。なぜなら、**手先を動かして文字にすること自体に、脳を刺激する作用があることが明らかになっている**からです。

さまざまなデジタルデバイスが便利であるのは、よくわかります。けれども、瞬読のときくらいは、アナログな手書きを楽しんでみませんか。

もちろん、スマホやパソコンでの入力だと効果がゼロというわけではないので、手書きがどうしても面倒であったり出先であったりすれば、それでも構いません。

Q マーカーやラインを引いたり、付箋を貼ったりしてもよい？

A 一切の作業はやめて「右脳読み」に集中したほうがいいです。

最もよくいただく質問に、次のようなものがあります。

「瞬読をしながら、マーカーやラインを引いてもよいですか？」

「瞬読をしながら、付箋を貼ったり、折り目をつけたりしてもよいですか？」

いずれも、情報収集への熱心さゆえに、出てくる疑問と言えます。その心意気が、素晴らしいのは間違いありません。しかし、瞬読に集中をしたほうが、より理想的です。

瞬読をするとき、よりよいアウトプットを目指すなら、「右脳読み」だけに集中するのが正解です。なぜなら、マーカーやラインを引いたり、付箋を貼ったり、折り目をつけたり、手を動かす作業は、「右脳読み」を妨げてしまうからです。

それは、どんなに集中できている人にとっても、読み進めるうえで一種の〝障害物〟となってしまいます。陸上競技の選手が気持ちよく走っているトラックに、わざわざ高いハードルを置きに行くようなものです。

もし、大事な箇所に気づくことができたときは。物理的なマーキング（目印をつけること）を行うのではなく、脳に記憶させるよう努力してみてください。意識さえしていれば、右脳読みの後、原稿用紙に向き合ったとき、スラスラと紙に書けるはずです。

また、大事な箇所がどうしても気になる場合は、本の最初から最後まで、1冊を通して再び瞬読をしてください。それで、記憶として脳に固定化されるはずです。

もちろん、レポートや企画書など何かを作成するために、本の内容を「抜き書き」したい場合。筆記具や付箋などを駆使して本に痕跡《こんせき》を残すのは、やむを得ないことです。ただ、そのような「目的がある読書」と「瞬読のトレーニング」は、厳密に分けたほうがよいでしょう。

Q アウトプットは手書き？パソコンにキーボードで打ってもいい？

A 手書きが最高です。

幼少時からスマホやタブレットを駆使してきたデジタルネイティブ世代には、時代遅れだと思われるかもしれませんが、手書きには「単に記録をする」以上の、大きな効用があります。それは、指を〝水平〟の方向に動かすことで、脳にダイレクトに働きかけ、活性化を促すことができるという点です。

キーボード入力の場合も指を動かすことは同じです。ただしメインの動きは〝垂直〟です。

「指を〝水平〟に動かすのと〝垂直〟に動かすのとでは、脳に働きかける質が異なる」

そう説く専門家もいます。

海外でも、「パソコンよりも手書きのほうが効用がある」と提唱している専門家は多くいます。

ワシントン大学が2012年に行った研究をご紹介しておきましょう。

同大学の講義の直後に行われたテストでは、「キーボードでメモをとっていた学生」

のほうが、少しよい成績を取る傾向を示しました。

しかし、その効果は短期間で失われてしまうことが明らかになりました。同じ学生を対象に、24時間後に行われたテストの結果から、「キーボードでメモをとっていた学生」の多くがその内容を忘れていたのです。反対に「手書きでメモをとっていた学生」は、記憶が長く残っていて、講義の要点を確実に覚えていました。

また2014年、プリンストン大学のパム・ミュラー、ダニエル・オッペンハイマーらによる興味深いデータがあります。

「タイピングをする人」よりも「手で書く人」のほうが飲み込みが良く、情報を長く記憶し、新しいアイデアを理解するのにも長けている、と報告されています。

最初に、学生たちを「手書き組」と「ノートパソコン組」に分けて、TEDトーク（講演）のメモをとってもらいました。トーク終了後に続く30分間で認識度を調査するテストを課し、その後、話題をTEDに戻して講義内容に関するクイズを行いました。すると、「手書き組」の学生のほうが「ノートパソコン組」よりも、講義内容をより詳細に理解していたのです。その1週間後に、同様のクイズを行ったのですが、やはり「手書き組」が

「ノートパソコン組」より優れた成績を残しました。

プリンストン大学とカリフォルニア大学ロサンゼルス校の研究チームによって実施された2016年の研究でも、〝手書き〟に軍配が上がっています。

大学生を対象に、普段の講義を「手書きでメモをとる学生」と「ノートパソコンでメモをとる学生」を比較したところ、「手書きでメモをとる学生」のほうがよい成績をあげ、より長い時間にわたって記憶が定着し、新しいアイデアを思いつきやすい傾向にあることが判明しています。

これらの事実を踏まえて、「手書きでメモを残す行為には、記憶を意識のより深い部分へ定着させる効果がある」という見方が現在では主流になっています。

「手書き」の驚くべき効用のメカニズムが明らかにされるのは、もはや時間の問題だと言えるでしょう。

Q 瞬読できるのは、基礎知識があるものに限られる？

A はい。脳の仕組み上、基礎知識があるものに限られます。

大前提として、「基礎知識がある本」を選んでください。たとえば、医学の知識がまったくないのに難解な医学書を瞬読しても、脳はそれを情報として効率よく受け取ることができません。

食卓にグラスの水をこぼしたとき。ラップでそれを拭こうとしても、水はまったく吸えません。基礎知識がない本を瞬読する行為は、それとある意味似ています。

また、お子さんの例を考えてみるとよくわかります。漢字をまったく読めない段階のお子さんに、いくら漢字を読ませようとしても難しいものです。また、英単語を一度も学んだことがないお子さんに、いくら英文を読ませようとしてもまったく歯が立たないことでしょう。

その理由は、もうおわかりですよね。いくら優れた機能を持つとはいえ、脳は「既知の情報」しか処理することができないからです。

したがって「基礎知識のないものを瞬読したい」という場合。そのジャンルについて、ひと通りの知識を身につけてから、瞬読するようにしてみてください。これはお子さんにも大人にも当てはまるルールです。

Q 題材にする本は、どんなものがいい?

A 文字がメインのベストセラー本が理想的です。

最も良いのは、「ベストセラー」になった本をチョイスすること。ベストセラーになる本は、より多くの人の手に渡るよう、「サイズ」「字の大きさ」「ページ数」「表記」などすべてがとっつきやすい状態になるよう、計算し尽くされているからです。

「ベストセラー」の定義はまちまちですが、「売上の上位ランキングに入った本」「書店の目立つところに平積みになって置かれている本」「短期間によく売れた本」という視点で選ぶとよいでしょう。ジャンルは、ビジネス書や生活実用書が適しています。

とはいえ、ビジュアル（写真やイラスト、グラフなどの図解）の要素が多い本は、初心者のうちはおすすめしていません。単にビジュアルを眺めるだけでは、瞬読のトレーニングとは言えません。なぜなら、「文章（文字）をイメージに変換する」という肝心の作業を、脳が行う必要がないからです。「文章をイメージに変換する力」を養うことこそ、右脳の活性化に直結することであり、瞬読の本質的な狙いでもあることを忘れないでください。

Q 新聞や雑誌など変則的なレイアウトのものや、漫画も速く読めるようになる？

A ビジュアルが多いものはNG。新聞はOK。

「ビジュアルと文字が混在しているものは、瞬読には向かない」

基本的には、そう捉えておいてください。つまり漫画（コミックス）や雑誌よりも、文字のみの本のほうが、瞬読に適しています。前でも述べたように、ビジュアル的な要素は瞬読の妨げとなりやすいからです。

一方、「レイアウトが変則的なことが瞬読を妨げる」わけではありません。たとえば新聞は変則的な割付になっていますが、瞬読は可能です。

皆さんよくご存じのように、新聞は、大きな紙面に複数の記事がパズルのように詰まっています。罫線で囲まれた「ハコもの」となっている記事を1つのユニットとして捉え、「ハコもの」ごとに速く読めば、瞬読ができます（記事1つ1つは短い文章で完結しているので、瞬読初心者の方にとっては、とっつきやすいトレーニングとなります）。

Q 子どもはどのような本で、瞬読をすればいい？

A 大人と同じ、文字がメインの本を選んでください。

まず、瞬読のトレーニングができるのは、通常「小学校中学年以上」になります。

それまでは、速さを気にせずゆったりと、絵本や図鑑などさまざまな本に親しんでください。

小学校中学年になり、ある程度本が読めるようになったら、瞬読の練習を始めましょう。「そのお子さんが読める内容」の本で、瞬読のトレーニングを始めることができます。本のチョイスについてですが、「学校の図書館にある本」をひとつの目安にしてください。「漫画」や「図鑑」「絵本」など、ビジュアルが多いものは、瞬読のトレーニングには向いていません。

ただし瞬読をマスターした後、つまり右脳を活性化した後に、これらを読むのは非常によいことです。「瞬読をできるようになった後、図鑑をパラパラ見ただけで、あっという間に名前を大量に覚えてしまった」と、保護者の方から報告をいただくことがよくあります。

Q どうすれば早く瞬読をマスターできる？

A 習得するまでは、継続してトレーニングを行いましょう。

瞬読は筋トレと同じです。1日の量は少しずつでもよいので、できる限り長期的に続けて、習慣化することが大事です。

もちろん、「楽しくて面白くて、1日に1時間以上、瞬読のトレーニングをしてしまった」という日があるのは、素晴らしいこと。けれども、その翌日はまったく本を手に取らなかったり、数日間訓練をサボってしまったりと、反動で瞬読から遠ざかってしまっては惜しいことです。

たとえ、どれだけ短期に瞬読をマスターしたい場合でも、筋トレと同様に、習慣化するまで続けてみましょう。

Q 瞬読のトレーニングでは、休憩をはさんでもいい？

A 休憩こそ、集中力を高めてくれます。うまく休みながら続けましょう。

瞬読はイメージするだけでなく、体力も使いますし、集中力も要します。ですから、休憩（小休止）をうまく差し挟みながら、トレーニングを繰り返しましょう。

目安は「15分間トレーニングに集中して、5分間休憩」という1セットを繰り返すことです。慣れてきたり、「楽しいから休みたくない！」という場合は、「30分間トレーニングに集中して、10分間休憩」、あるいは「45分間トレーニングに集中して、15分間休憩」を1セットとしてもよいでしょう。人の集中力が持続する時間から考えると、「15分」を最小単位として、その倍数で計画を立てるのが理想的です。

でも慣れてくれれば、同じことをしてもだんだん疲れなくなりますよ。

Q 完全に静かな環境で訓練を行うべき？

A むしろ、にぎやかなところでも集中できることが理想です。

「静かな環境でトレーニングは行うべき」、そう考える方は多いものです。しかし静まりかえった環境に、毎日身を置くのは難しいこと。

「どんな環境でも、一瞬で瞬読に集中できるクセ」を身につけてしまいましょう。リビングで家族がテレビを観ている横でも、隣で友人たちが談笑していても、瞬読に集中できる。そんな姿こそ理想です。

そもそも、本の内容に興味があったり、「読みたい」「向上したい」という願いが強かったりすれば……。どんなに騒がしい環境でも、かじりつくように文字を求めてしまうはず。完全に静かな環境を用意できなくても、集中力を高めることさえできれば大丈夫です。

Q 「変換しやすい文字」と「変換しにくい文字」がある?

A ありますす。漢字が多いと簡単で、平仮名が多いと難しくなります。

バラバラに出てきた文字を、自分の知っている言葉に高速で置き換えるとき（変換力を鍛えるとき）、同じ文字でも「やりやすい文字」と「やりにくい文字」があります。

通常は「平仮名が最も難しく、カタカナや漢字は易しい」と感じることが多くなります。たとえば国名の「大韓民国」という言葉をイメージしてみてください。たとえバラバラに「国」「大」「民」「韓」と見えても、すんなり「大韓民国」と連想できるはず。平仮名で「ん」「い」「く」「だ」「か」「ん」「み」「こ」と見て「だいかんみんこく」と変換するよりも、容易に感じることでしょう。

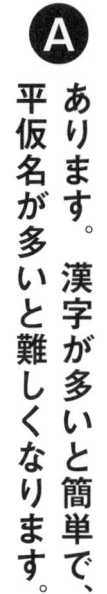

Q 道路標識や電車の駅名の看板を車窓から眺めることは、瞬読の訓練になる？

A 残念ながら、瞬読の訓練にはなりません。

道路標識の多くは、「止まれ」「通行止め」など「イメージ」がそのまま描かれています。交通にまつわることは命にかかわるため、脳がわずらわしい情報処理を行わなくても瞬時に伝わるようになっているのです。

ですから、道路標識をいくら見ても、瞬読のトレーニングにはなりません。そこに「バラバラの文字を既知の言葉に置き換える（変換力を鍛える）」というプロセスがないからです。

電車の駅名標（駅名板）についても同様です。なぜなら、やはり「変換力を鍛える」という工程がないからです。

Q **昔からテレビは大好きだけど読書は苦手。どうすれば本に集中できる？**

A **まずはテレビCMが流れる数分間で、トレーニングをしてみませんか。**

「1時間、瞬読のトレーニングをしましょう」と言われると身構えてしまうかもしれませんが、「CMの間だけ」なら、頑張れる気がしませんか。CMタイムは、長いときで5分前後に及ぶこともあります。

たとえ5分間のトレーニングでも、集中して毎日行えば、大きな効果が期待できます。やがては、その5分間で1冊を読めるレベルに達するはずです。

Q **フルタイムのワーキングマザーなので、忙しすぎて本なんて手に取る暇がないんだけど……。**

A 家中をトレーニングルームにしてしまいましょう。

「わが子が小さいうちは、自分のことや将来のための勉強なんて後回し」。そのお気持ち、とてもよくわかります。私も2児のワーキングマザーだからです。

忙しい方に特に推奨しているのは、「家中に本を置く」という方法です。できれば、腰を落ち着けるスポットに何冊かの本を置いておくのです。たとえばトイレ、ソファの横、ベッドサイド……。本は「書斎に置くもの」「本棚に収納するもの」、そんな思い込みを手放して、まるで空気のように身近な存在にしていきましょう。本に自然と手が伸びて、ページをめくりたくなるはずです。

たとえばトイレで毎日5分間、集中して本を読むことができたとしたら。その積み重ねは、あなたの大きな〝武器〟となってくれます。

また「家中に本を置く」ことによる、お子さんへの教育的効果は絶大です。たとえ漢字が読めない年代のお子さんであっても、物質としての「本」を手に取ることで本への愛着や親しみが湧き、知的好奇心が刺激されるはずです。潜在意識にも、学ぶことへの肯定的なイメージが刻み込まれます。

さらに、保護者の方が読書をする姿を日常的に見ることで、お子さんも「自分も学びたい」と思い、姿勢を真似るようになります。これを心理学の用語で「ミラー効果（ミラーリング効果、同調効果）」と呼びます。ミラー効果とは、好意を持つ相手の仕草や動作を、無意識のうちに真似ることを言います。親御さんのポジティブな生き方も、反対にネガティブな考え方も、いずれもお子さんに伝播しやすいということです。

第3章

瞬読トレーニング
ステップ1
「変換力を鍛える」

1つの文字のグループを1秒以内で、リズミカルにどんどん進めよう！

先ほどの第2章で、瞬読をマスターするまでの流れをご説明しました。この第3章ではステップ1「変換力を鍛える」を、ドリル形式で実践していきます。

縦書きからスタートし、次は横書きへと進みます。さらに円形に並んだ文字、ランダムに散らばった文字にも挑戦していただきます。バラバラに並んだ文字を見て、それぞれがどんな物や様子を示すのかを瞬時にイメージできるようにします。

「1つの文字のグループを1秒以内で見て、次の問題に進む」とします。長くても1つ1秒までを厳守してください。答えがわからなくても、どんどん進めます。

慣れてきたら、1秒より短い時間で1リズムを刻むように、どんどん加速していきます。

どうしても答えが気になる場合は、後ろのページに解答を載せていますので、後ほどご覧ください。

スマートフォン（スマホ）をお持ちであれば、**リズムを刻む「メトロノーム」のアプリがフリー（無料）で入手できるので、それを使うといい**でしょう。もちろん、実物のメトロノームをお持ちでしたら、それでOKです。

※メトロノームの無料アプリの例（iPhoneの場合）：「Smart Metronome」「メトロノーム」「メトロノーム - ビート，テンポとリズム」「メトロノーム＋」など

もし、スマホもメトロノームもお持ちでない場合は、**タイマー（キッチンタイマーなど）**を使います。1分でセットしたならば60ほどを進めることを目指します。

タイマーもお持ちでない場合は、**時計**を使います。やり方はタイマーのときと同様で、1分なら60ほどを進むことを目標とします。秒針が1秒進むごとにチッチッと聞こえる時計ならメトロノームと同じ役割を果たしますから、それがベストですね。

1秒がどれくらいの長さなのかを時計を数秒間見ることで体感し、その体感での1秒のリズムに従って進めてもらっても構いません。むしろそのほうが、時計とにらめっこするよりも、よっぽどはかどるでしょう。絶対に1秒超えたらダメとか、気にしすぎる必要はありません。

縦書きの例題

ゴンリ

←　文字を並べ替えて元の単語を推測する

リンゴ

←　映像を思い浮かべる

時瞑間の想

←　文字を並べ替えて元の単語を推測する

瞑想の時間

←　映像を思い浮かべる

問題A-1

①ラリゴ

②パダン

③リンキ

④サギウ

⑤クダラ

⑥カトゲ

ヒント ▶▶▶ 動物の名前

⑦アリメカ

⑧スンラフ

⑨ジトプエ

⑩国民韓大

⑪ブルラジ

⑫ムベナト

ヒント ▶▶▶ 国名

※答えはp158

問題A-2

①ラーンメ

②キーステ

③ハーンチャ

④込ご炊み飯き

⑤イカーラレス

⑥たの菜おひ青し

⑦福吉諭沢

⑧カーンリン

⑨田信長織

⑩レオンポナ

⑪イイアンタンシュ

⑫小路篤者実武

※答えはp158

問題A-3

①明透度

②色緑黄

③ターバ

④メカラ

⑤どんう

⑥みさは

⑦本島日列

⑧学応反化

⑨スターポ

⑩モンコリ

⑪わりひま

⑫ぎおにり

※答えはp158

問題A-4

①描く思い
②日化本文
③けす抜出
④ドイプラ
⑤に流水す
⑥葉い遺言

⑦済経バブル
⑧子メー電ル
⑨す百を円渡
⑩十紀一二世
⑪学究科の研
⑫い徴特著し

※答えはp158

問題A-5

①地目的
②達配聞新
③棒に金鬼
④チ贅プ沢
⑤由究研自
⑥い金す魚く

⑦ベル活レ生
⑧返るし恩す
⑨がい相い性
⑩日生キーケ誕
⑪レト消スス解
⑫画のタース映

※答えはp158

問題A-6

①るす断定
②んちゃ赤手の
③ポタース街商の店
④時腕計
⑤ソンコパーノト
⑥を読史の本歴む

⑦ざんいぜ
⑧てもお心なしの
⑨と駄浴衣下
⑩分しい新に会自出う
⑪言行実有
⑫スンシプズベルイト

※答えはp158、159

問題A-7

①の現と想と実プッ理ギャ
②悩いむ思
③おない間世の声にびえ
④ドバイ傾るアスに耳をけ
⑤松梅竹
⑥イごロろコくのサす

⑦トックイス
⑧プーカ部のキャテサッン
⑨はこ然に偶な界いの世
⑩択人る選生を肢変え
⑪返ル真す見アをバの写ム
⑫れい他回に振さ人なり

※答えはp159

横書きの例題

プースン

↓ 文字を並べ替えて
元の単語を推測する

スプーン

↘ 映像を思い浮かべる

か冷をく汗や

↓ 文字を並べ替えて
元の単語を推測する

冷や汗をかく

↘ 映像を思い浮かべる

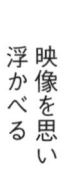

変換力を鍛える（横書き）

問題B-1

①パスコン

②ロンプーハテセ

③ゴし消ム　　ヒント ▶▶▶ 文房具の名前

④ナーフッタカイ

⑤ルーペボン

⑥ショーネーンカ

⑦ぽんたぽ

⑧陽花紫　　ヒント ▶▶▶ 花の名前

⑨ススモコ

⑩ガマートッレ

※答えはp159

問題B-2

①球野

②カッサー

③ニステ

④バボケッスルート

⑤ドトンミンバ

⑥まねし

⑦かがわな

⑧わかが

⑨やがたま

⑩どっほいかう

※答えはp159

問題B-3

①スリン

②こあん

③ろぐま

④集真写

⑤代古人

⑥いつくた

⑦イブドラ

⑧スミマコ

⑨社運会営

⑩理部学心

※答えはp159

問題B-4

①らわ歌べ

②出し映す

③思描いく

④帯電携話

⑤風い涼し

⑥高果の最結

⑦リスマスク

⑧断迷を決う

⑨異場なる立

⑩常師勤非講

※答えはp159

問題B-5

①段値の品商

②休題夏みの宿

③物今昔集語

④ターンイン

⑤てい現しる表

⑥日も明い良日

⑦恵絞を知る

⑧基事実にづく

⑨市立館図書

⑩クイネタ青い

※答えはp159

問題B-6

①間の人脳

②案ぶ浮かが名

③べ比べ食る

④転格い運い好手

⑤い激し雨

⑥クーニューヨ

⑦然象自現

⑧らん族のだん家

⑨トム理ベナ料

⑩れぼかんく

※答えはp159、160

問題B-7

①着女の子を制た服

②れが味あふ興る

③れ暮夕

④てみるあげくこ

⑤華寿豪お司な

⑥予天報気

⑦議来事な思不出

⑧きこた焼

⑨爽な快

⑩自然エールネギ

※答えはp160

問題B-8

①ね来るを人ま出る

②ピーリスティホタ

③えろ越界を限

④で大ついあさ声なき

⑤だれか抜から鍛えた

⑥面目なき真生方

⑦パトクレオラ

⑧表日のカッサー代本

⑨うま必いくずく

⑩いす屋きれをにる部

※答えはp160

円状に並んだ文字の例題

角 形 正 五

文字を並べ替えて
元の単語を推測する

正五角形

映像を思い浮かべる

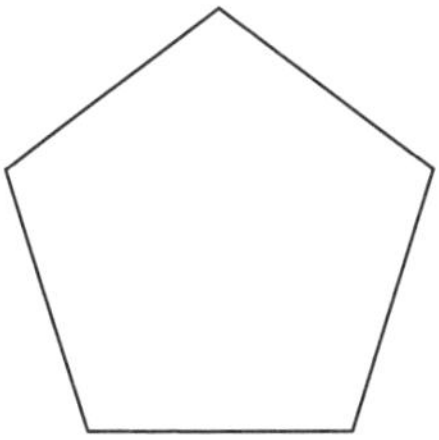

捨 み ご て 箱 へ る

文字を並べ替えて
元の単語を推測する

ごみ箱へ捨てる

映像を思い浮かべる

変換力を鍛える（円状）

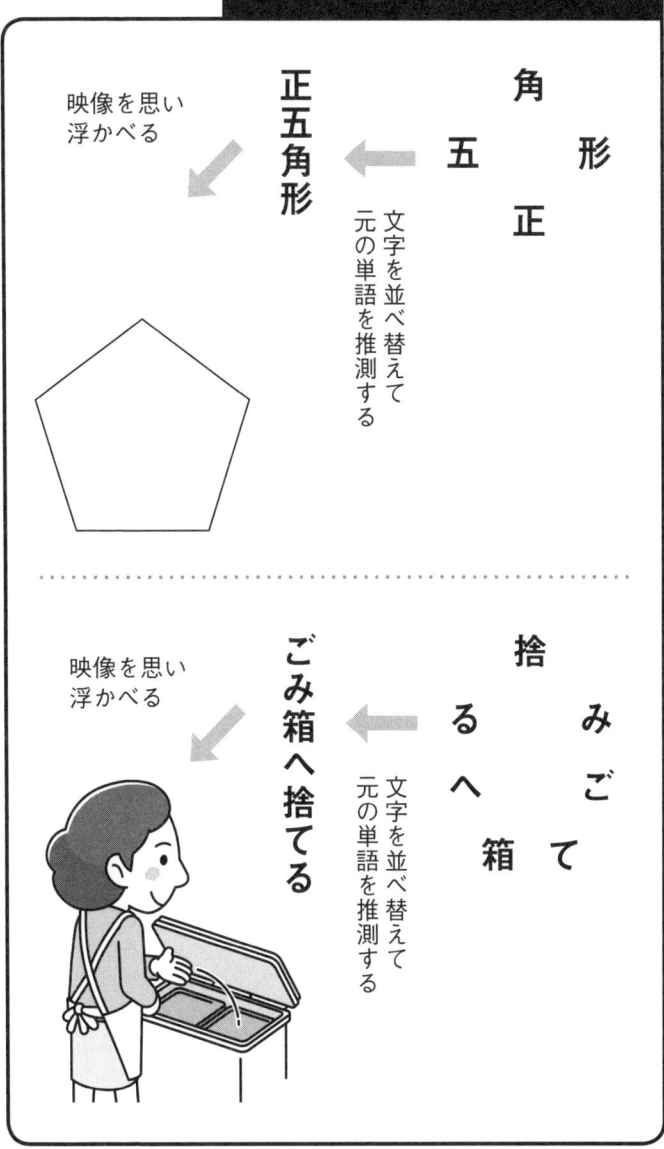

問題C-1

①

ヤ

オ　ニ

マ　ン

②

バ

タ　サ

ッ　ノ

ト　マ

ヒント ▶▶▶ 昆虫の名前

③

う

ん　と

て　し

む

④

ウ

ン　モ

ロ　ヨ

チ　シ

※答えはp160

問題C-2

①

ン

ル　バ

シ

②

ン

バ　ラ

コ　ト

ス

③

ド

グ　ピ

ン　ア

ラ　ノ

④

ラ

リ　ネ

ク　ト

ッ

※答えはp160

変換力を鍛える（円状）

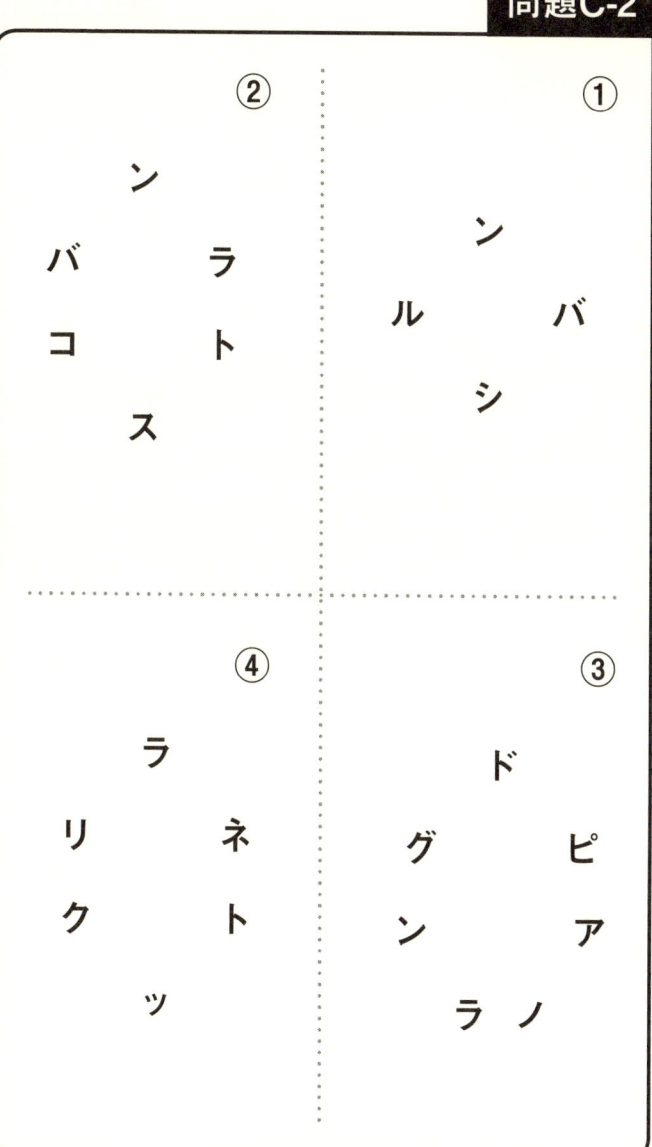

問題C-3

①

徳
子　　太
聖

②

ス
イ　ア

③

車
員　　満
電

④

み
る　く

※答えはp160

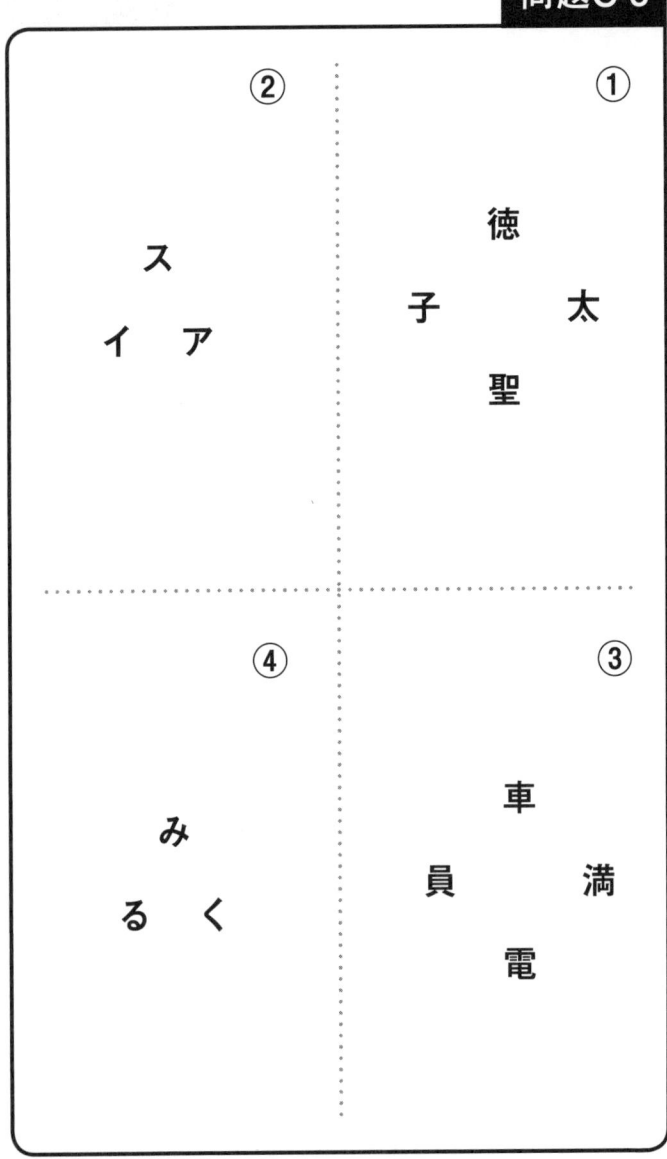

問題C-4

①

記

す　る

暗

②

鮮

空　な

新　気

③

く

心　に

響

④

対

等　な

平　応

※答えはp160

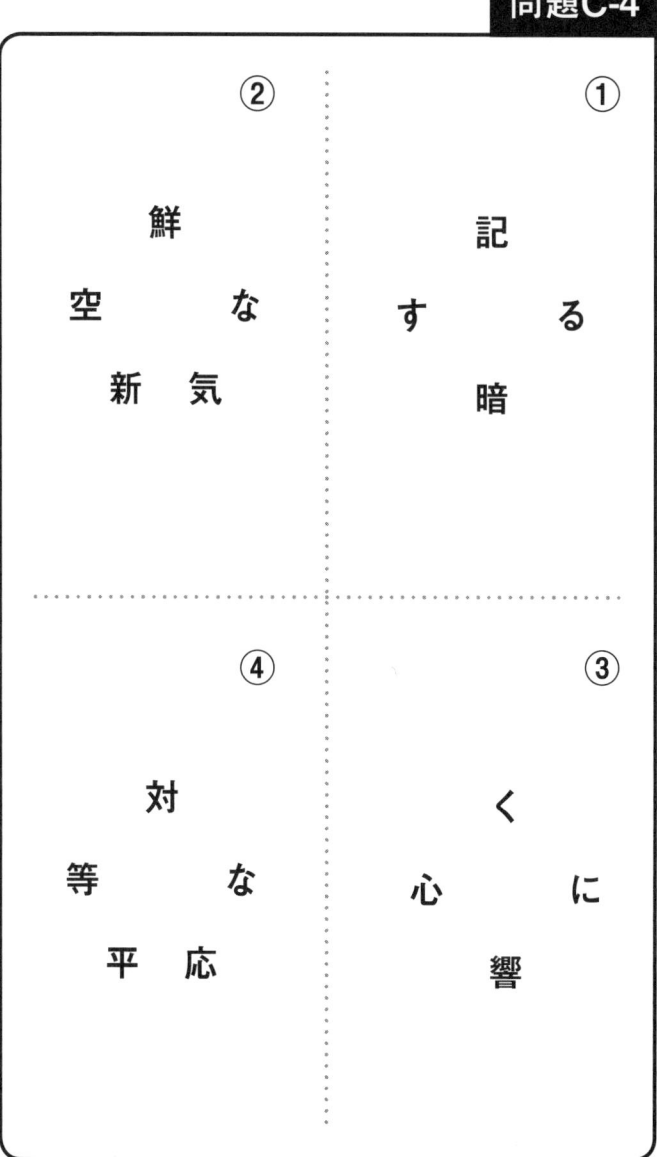

問題C-5

①

界

な　　い

を　　限

め　決

②

問

つ　　持

疑　を

③

シ

ャ　　リ

話　　ギ

神

④

が

笑　　わ

顔　　か

い　い

※答えはp160

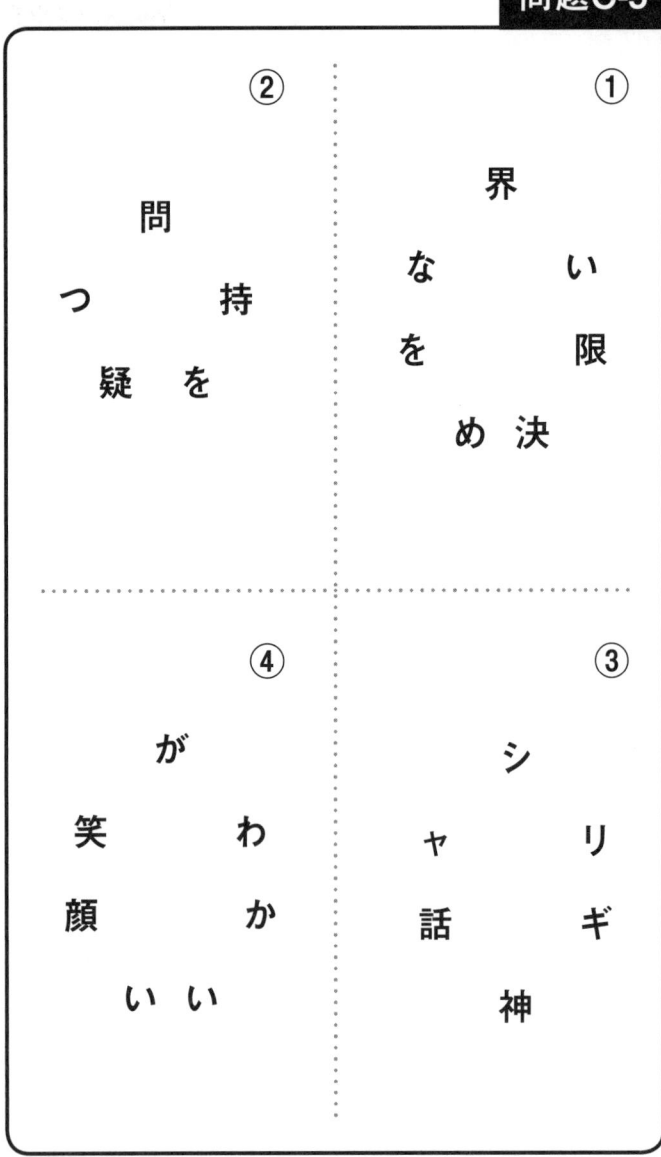

問題C-6

①

る

贈　プ

ト　ゼ

を　ン

レ

②

シ

ク　ー

る　に

タ　乗

③

戦

甲　園

子　の

勝　決

④

き

る　生

ン　シ

ル　プ

に

※答えはp160

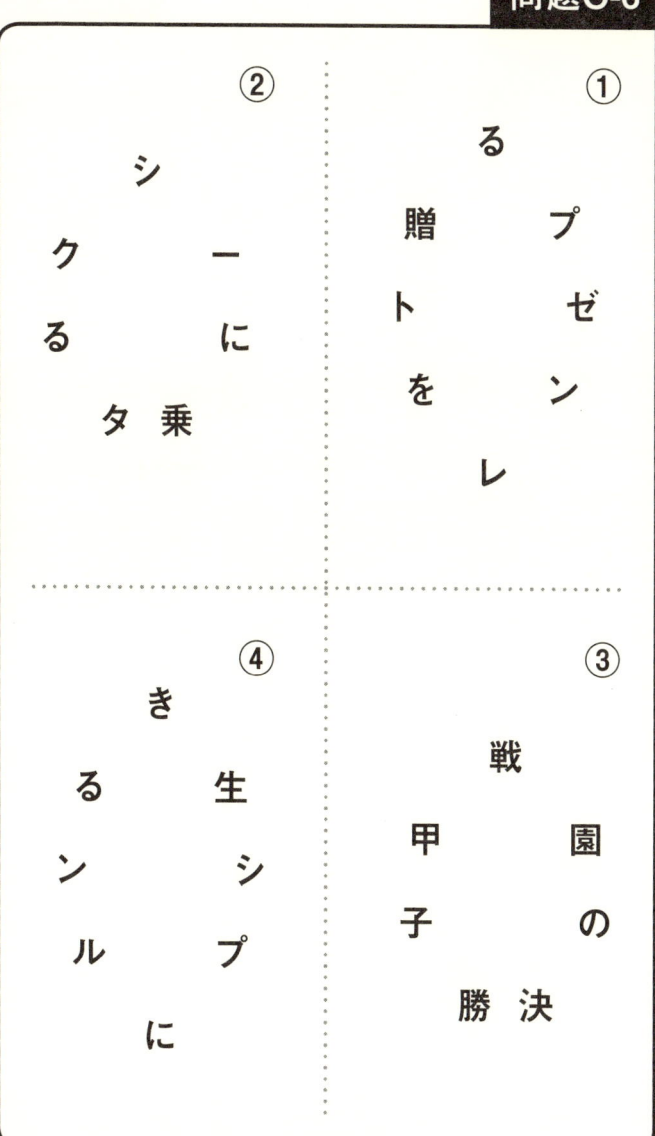

問題C-7

①

ス
ラ　　な
ー　　ト
る　　べ
セ　に

②

に
人　　甘
え　る

③

エ
ン　　ア
タ　　リ
シ　　フ
イ

④

バ
イ　　ア
ト　ル

※答えはp160

問題C-8

②

し
推　　る
量

①

系
態　生

④

し
差　　指
人

③

た
い　　た
ス　　プ
ー　　か
あ

※答えはp160

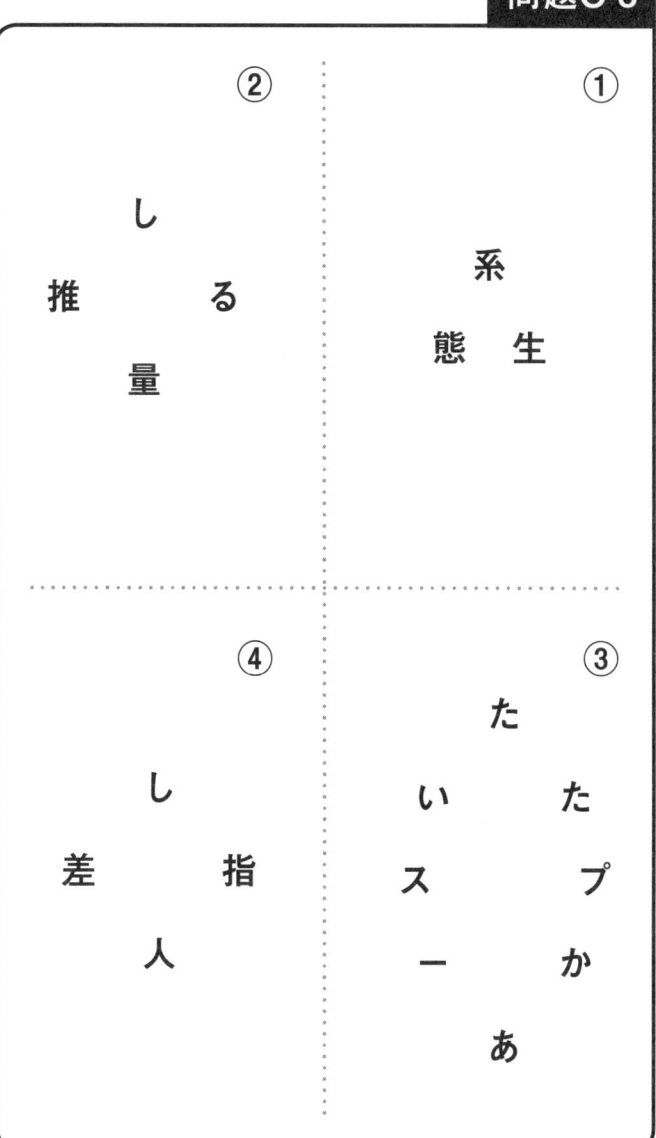

問題C-9

①

の

窓　家

②

い

か　犬

い　子

い　わ

白

③

を

つ　ャ

む　ス

ン　か

チ

④

探

宝　し

※答えはp161

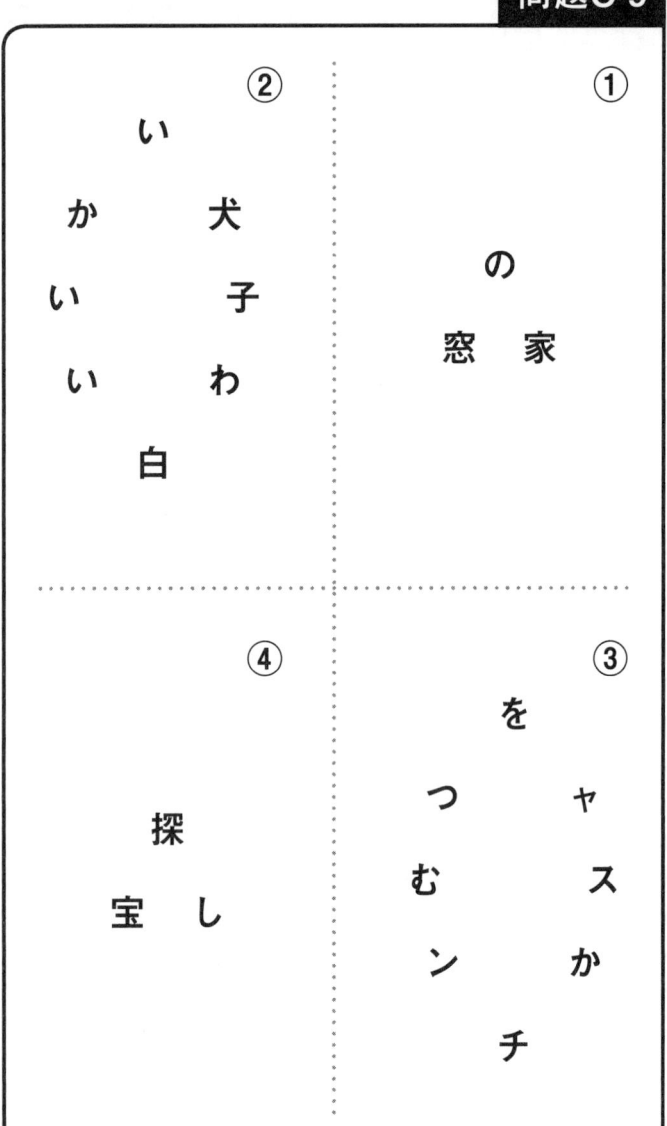

問題C-10

①

塵
な も
れ ば
山 と
る 積
も

②

か
な に
豊 人
生 が
る

③

あ
人 解
し 人
が 理
う と

④

ナ
ー ウ
サ 噛
む が
ン ア

※答えはp161

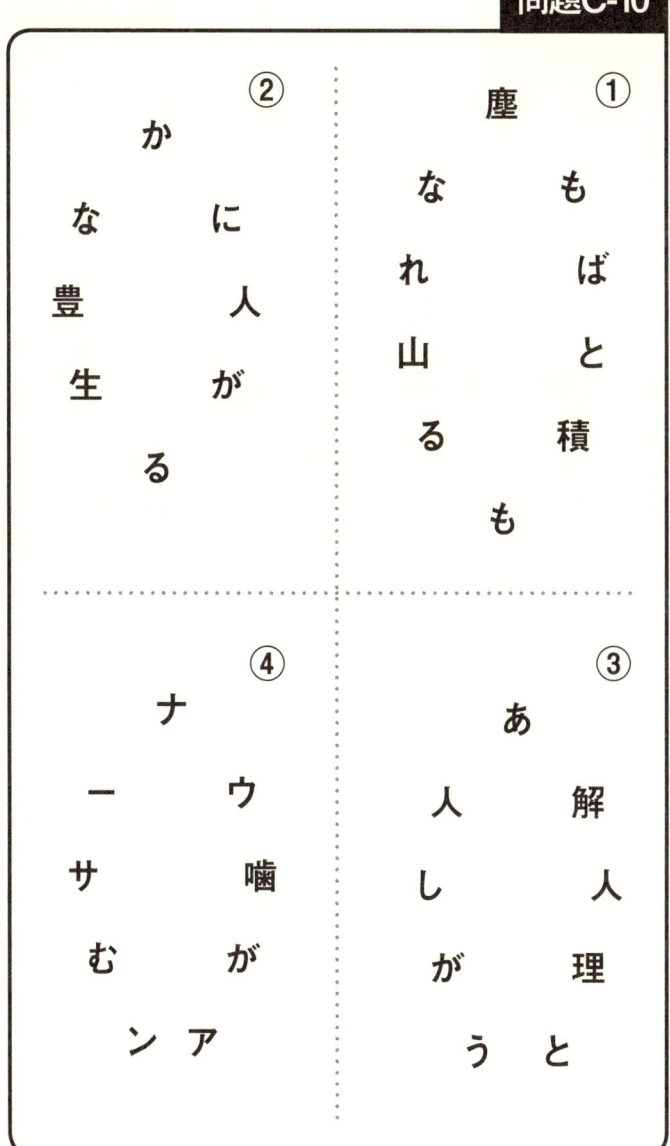

問題C-11

①

余
動　る
持　を
て　す
裕　行
っ

②

桜
ら　び
の　花

③

べ
チ　げ
ン　ー
る　ョ
シ　を
上　モ

④

免
が　疫
力　く
つ

※答えはp161

問題C-12

①

ン

ロ　ゼ

サ　ス

ル

②

ジ

ネ　オ

ロ　デ

ャ　リ

イ

③

ス

ヨ　ブ

ル　ネ

ク　ハ

④

テ

ス　ム

ア　ム

ル　ダ

※答えはp161

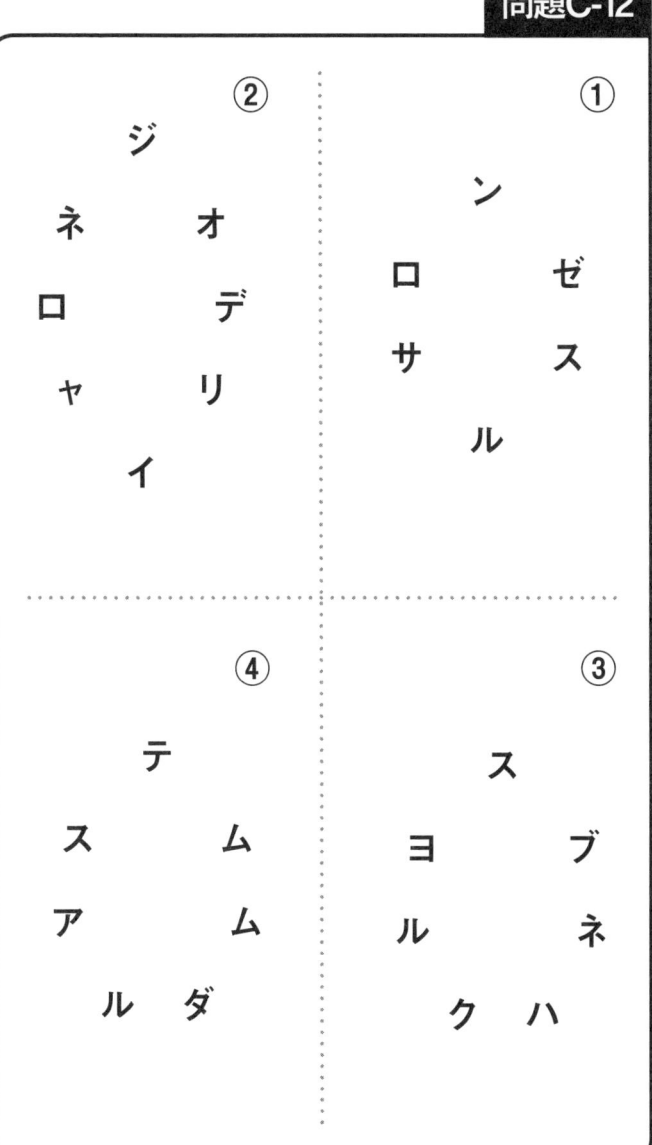

問題C-13

①

に

の　ー

入　り

ー　ス

気　カ

お　ニ

②

る

不　能

を　能

可　え

変　に

可

③

ン

の　ペ

青

④

脱

す　ラ

る　ら

ン　出

プ　ス

か

※答えはp161

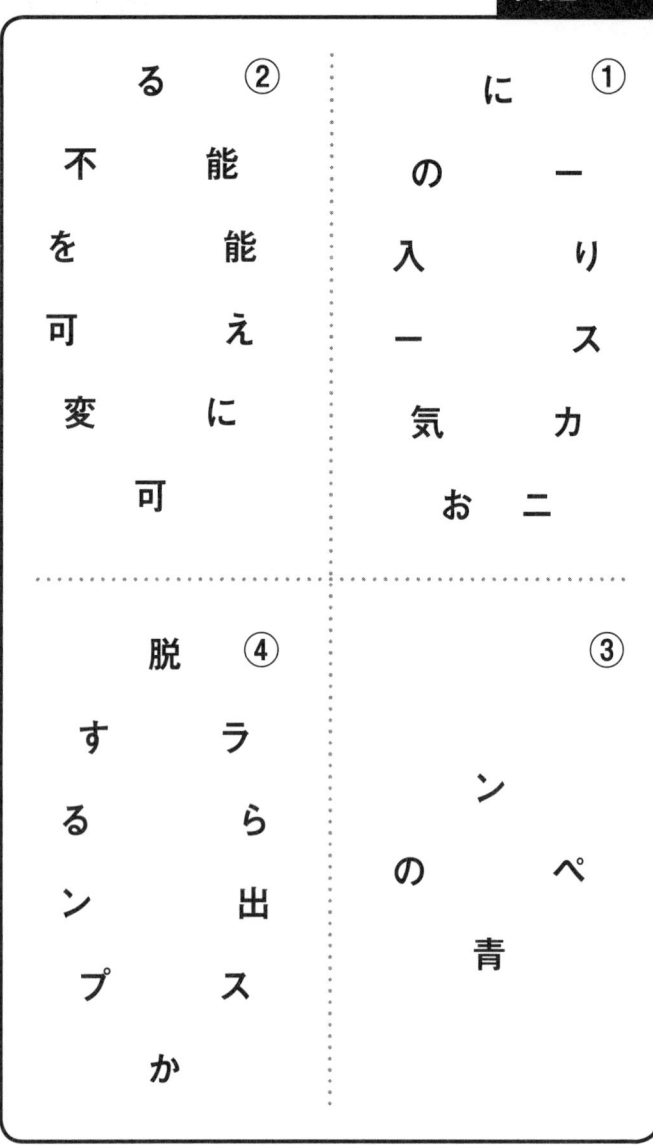

ランダムに配置された文字の例題

王
の

獣
百

文字を並べ替えて元の単語を推測する

百獣の王

映像を思い浮かべる

ー
打

ム
ン
ホ
ラ
っ
を

文字を並べ替えて元の単語を推測する

ホームランを打つ

映像を思い浮かべる

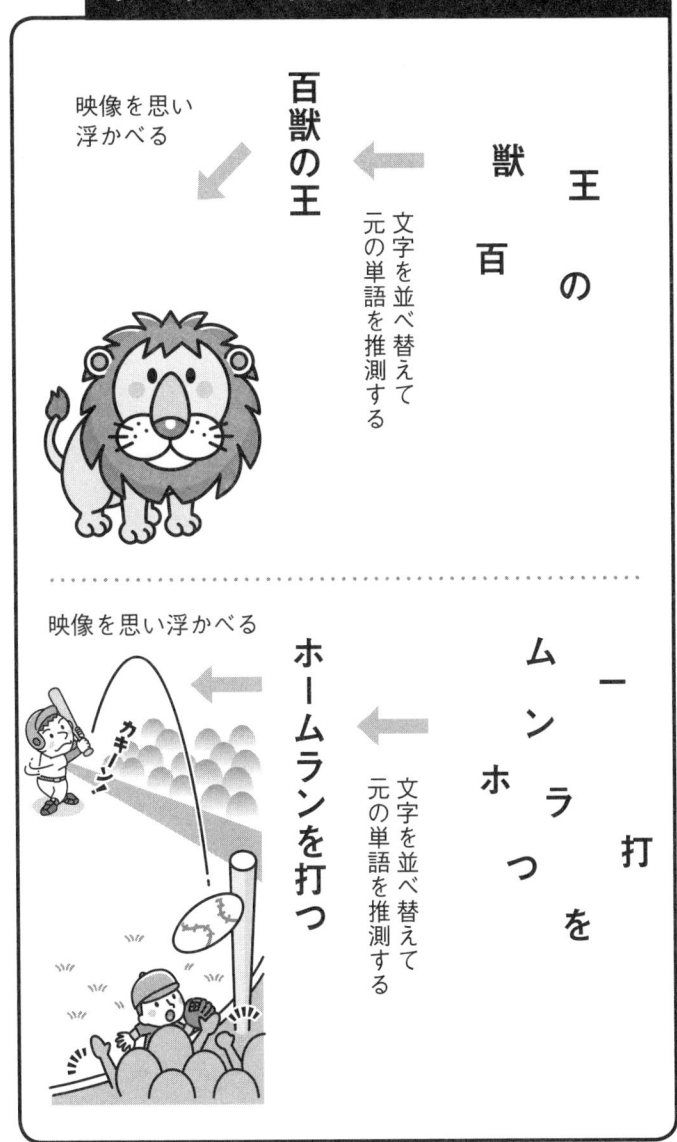

問題D-1

①

半

人

魚

②

イ

ラ

ミ

男

ヒント ▶▶▶ 西洋の妖怪

③

フ

ン　ン

ケ

イ

シ　ン

ラ

ュ　タ

④

ラ

ド

ュ

ラ

キ

※答えはp161

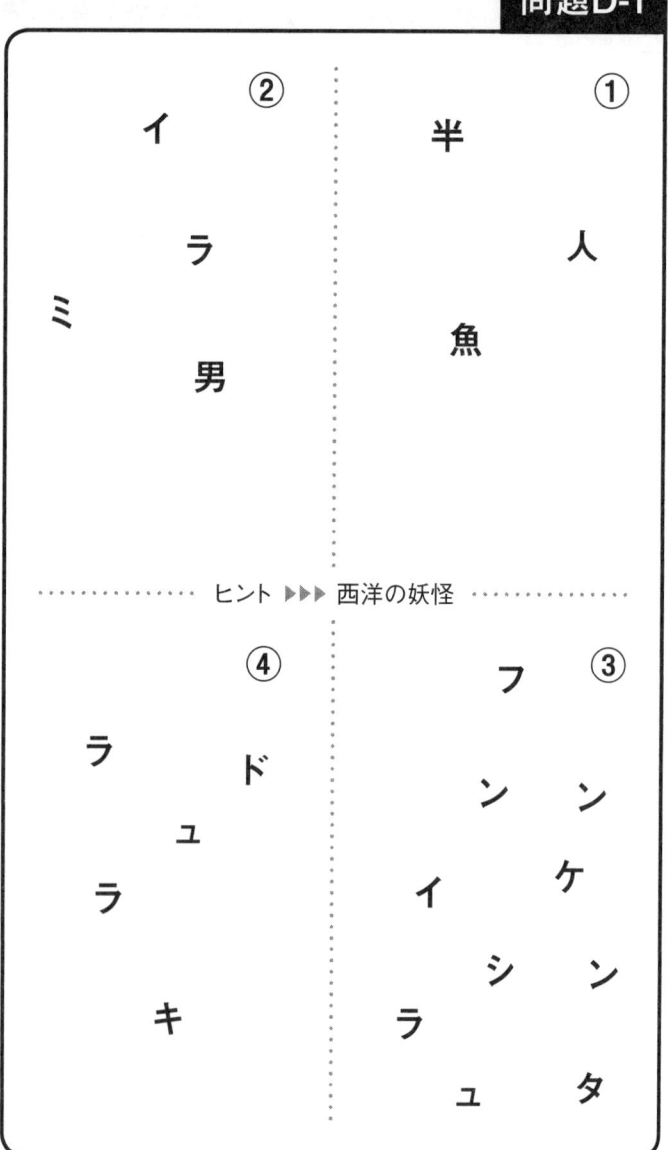

問題D-2

①

由

自

女

の

神

②

エ

ツ

フ

ル

エ

塔

③

万

の

城

長

里

④

ロ

ア

エ

ズ

ー

ツ

ク

※答えはp161

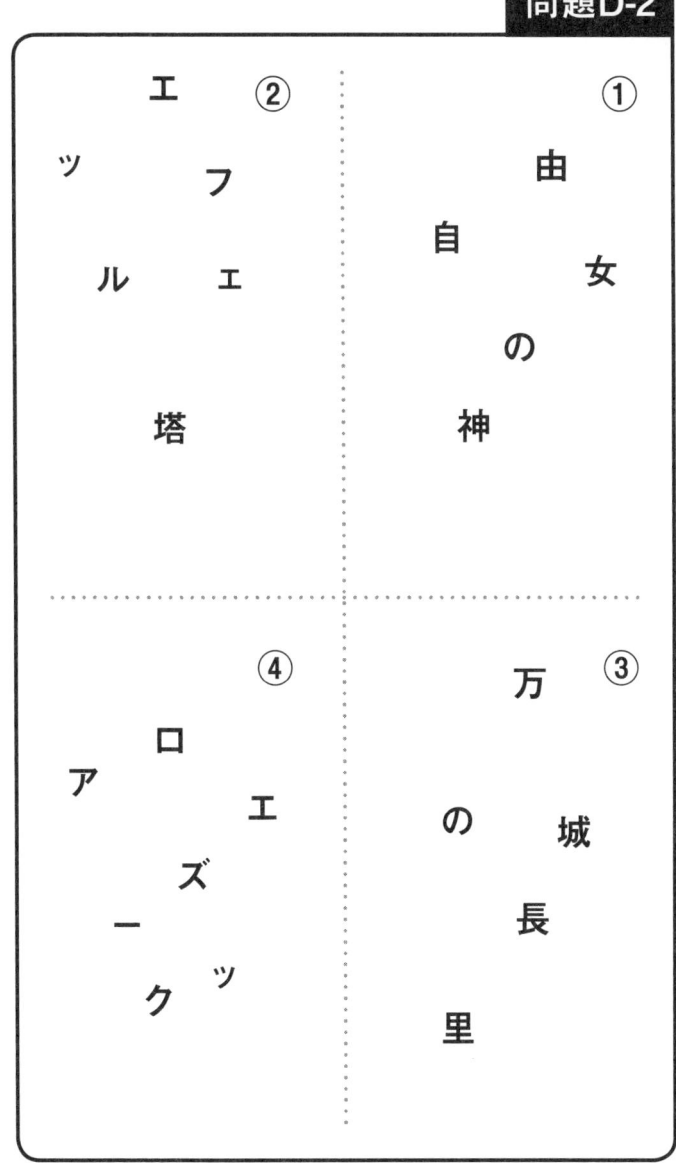

問題D-3

② 機 変 応 臨	① 政 家 治
④ 島 児 鹿	③ 承 結 起 転

※答えはp161

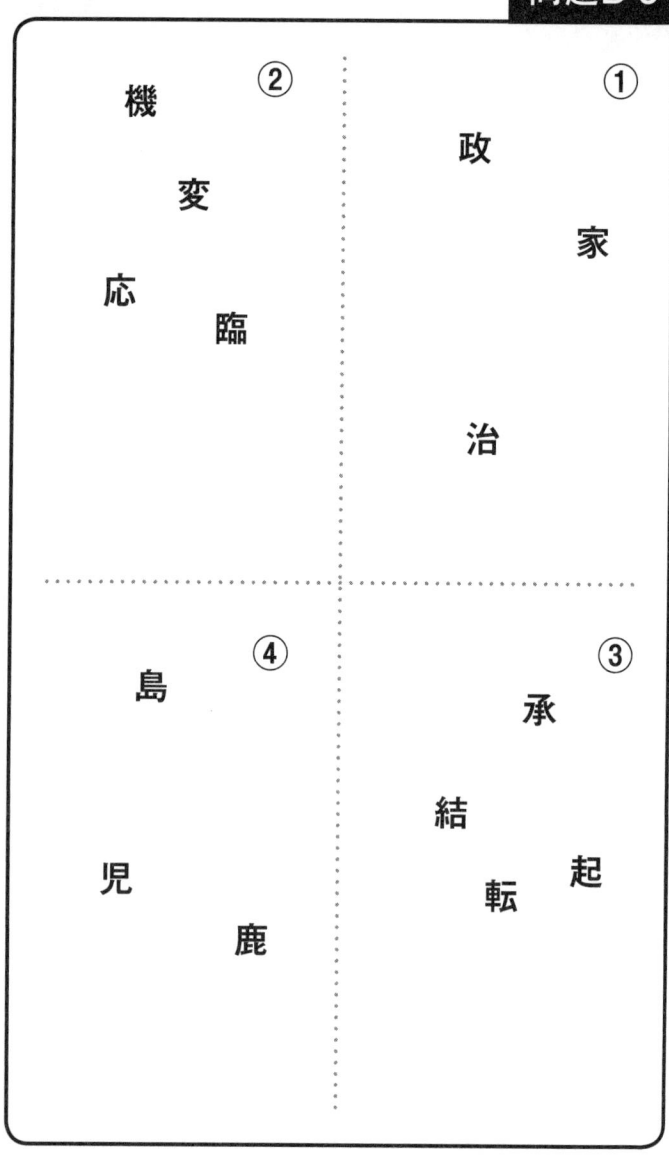

問題D-4

①

ゴ
ン
サ
礁

②

主
義
民
主

③

像
イ
ア
モ

④

乗
る
に
波

※答えはp161

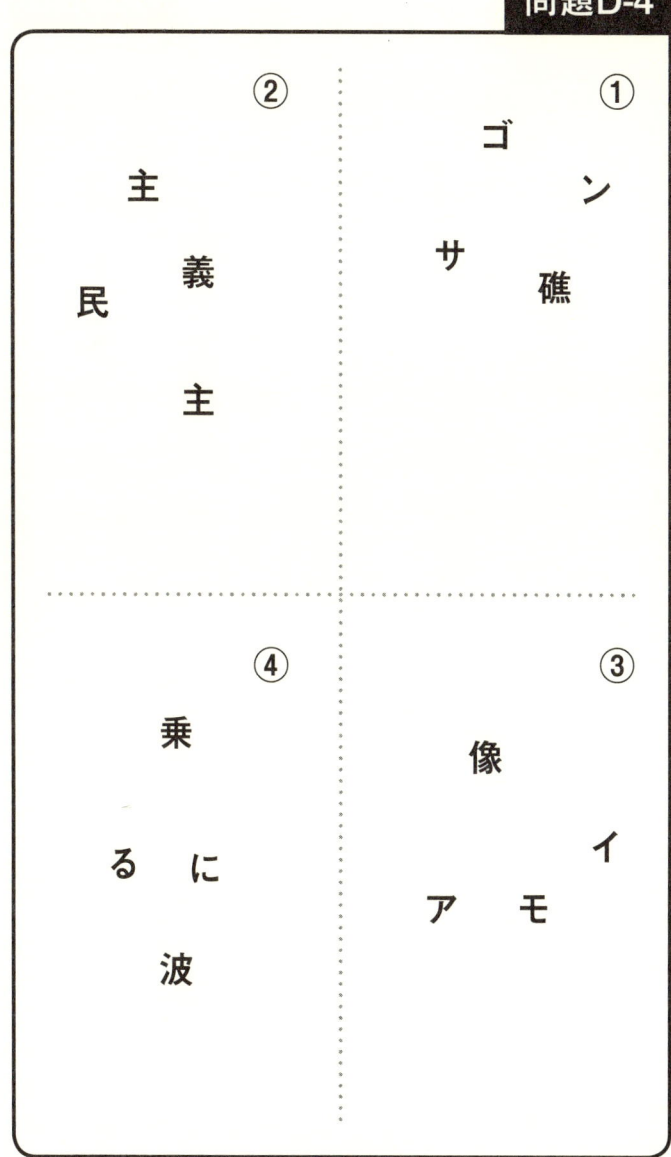

問題D-5

①

の

っ

ぽ

し

猫

②

実

が

力

努

る

③

い

が

き

大

器

④

的

の

目

来

本

※答えはp161

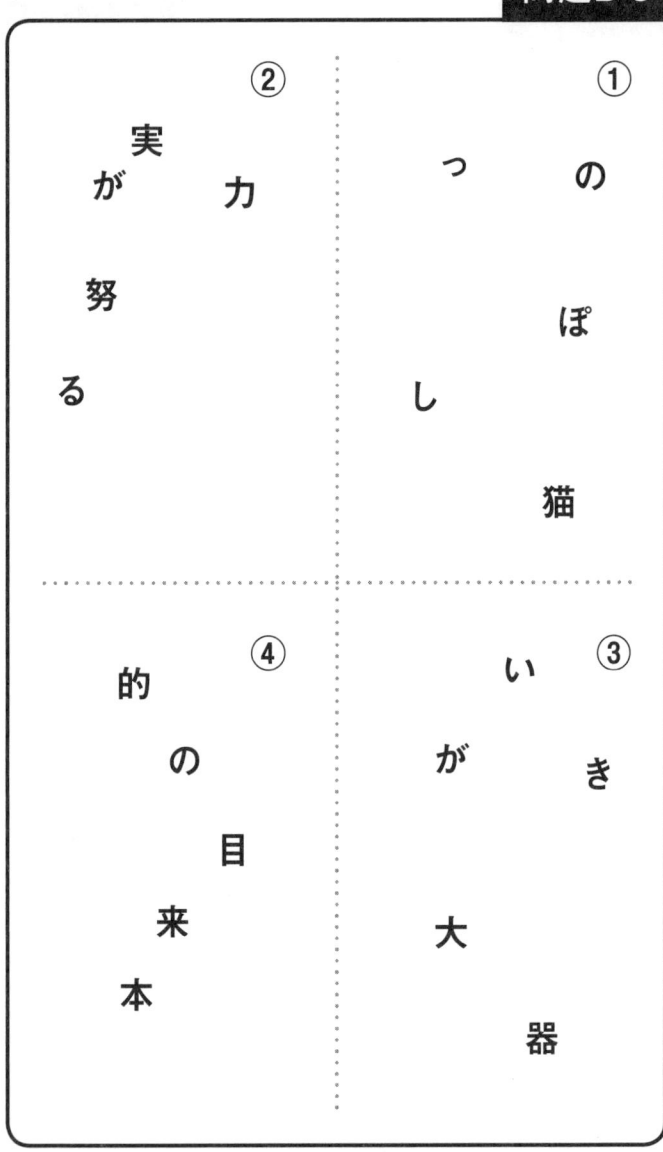

問題D-6

①

マ

業

イ　ス

営　ル

②

グ

ー

ッ

ド

ア

レ

プ

③

ツ

ヤ

が　あ

プ

ギ

る

④

る　を

傾　け

耳

※答えはp161

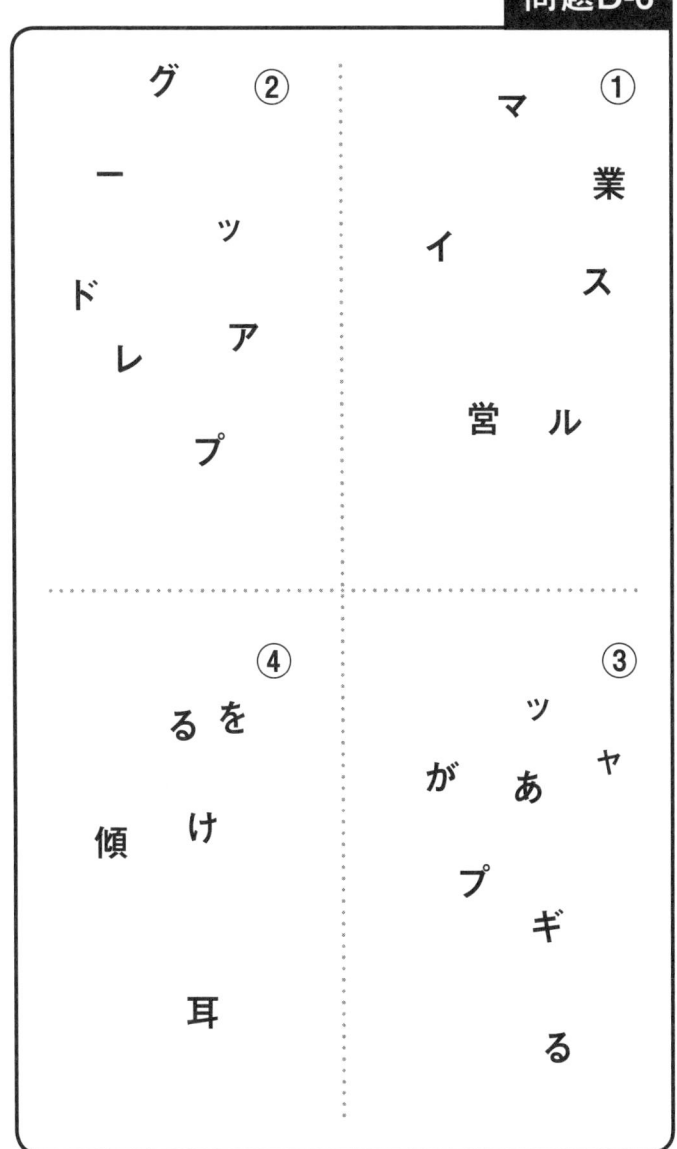

問題D-7

①

外

ベ

ト

ン

イ

野

②

り

が

切 や

い

思

大

③

定

設

ゴ

す

を

る

ル

ー

④

生

に

イ

テ

る

ジ

ブ

き

ポ

※答えはp161、162

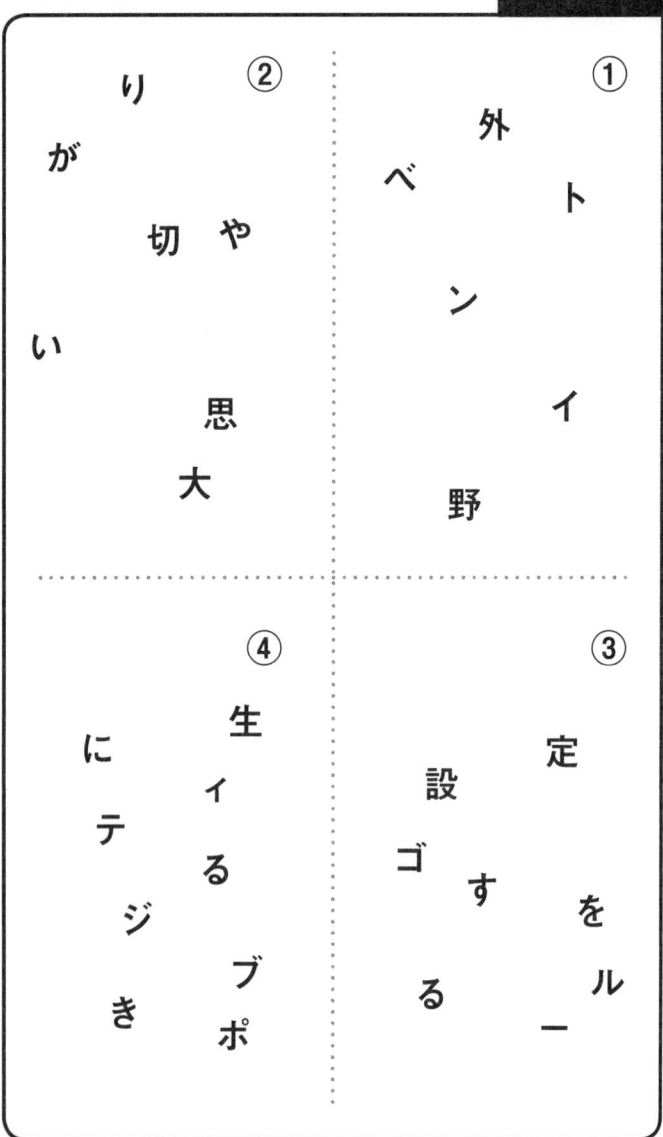

問題D-8

①
経 上 み を 験 る げ 積

②
リ エ 応 ト る ス ク え に

③
チ ー ン と 子 餃 ヤ ハ

④
合 者 歯 待 の 医 室

※答えはp162

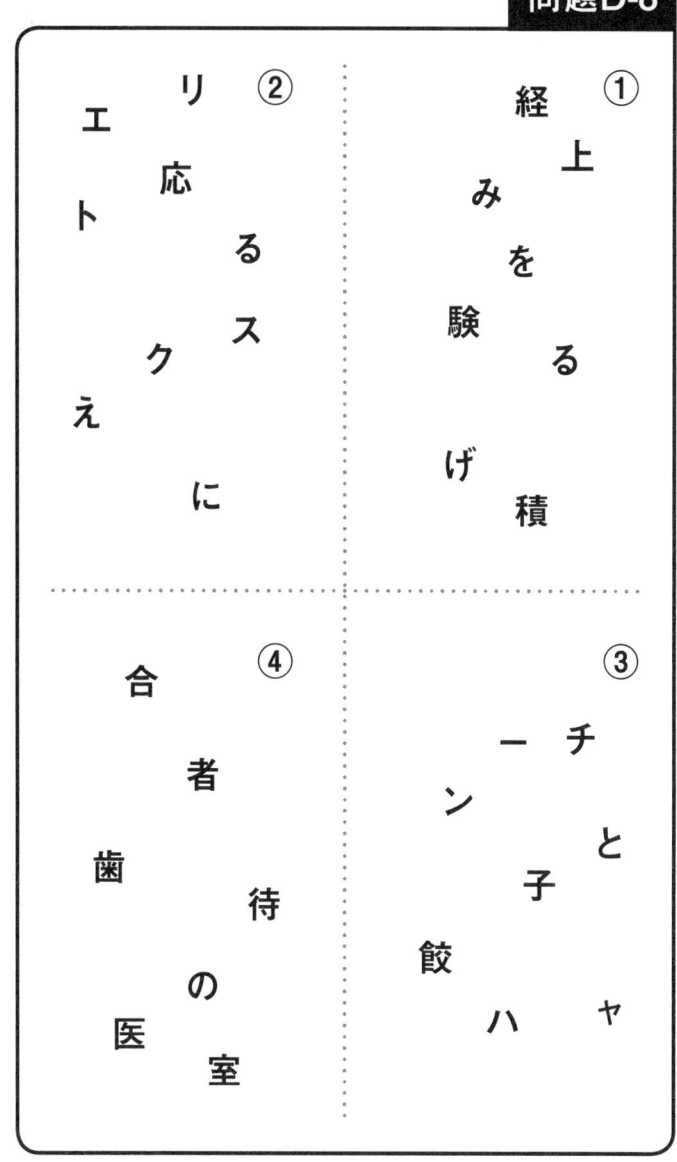

問題D-9

①
球 マ の ー ジ 部 ヤ 野 ー ネ

②
早 動 と 決 い 断 行 が

③
掛 た る な 作 新 を 仕 け

④
恐 れ チ レ ン ジ ず に ヤ

※答えはp162

問題D-10

①
ス
性
ツ
ー
ー
カ
の
高
能
ポ

②
日
前
進
々

③
グ
バ
好
大
ー
の
ハ
物
ン

④
歌
届
を
け
た
い

※答えはp162

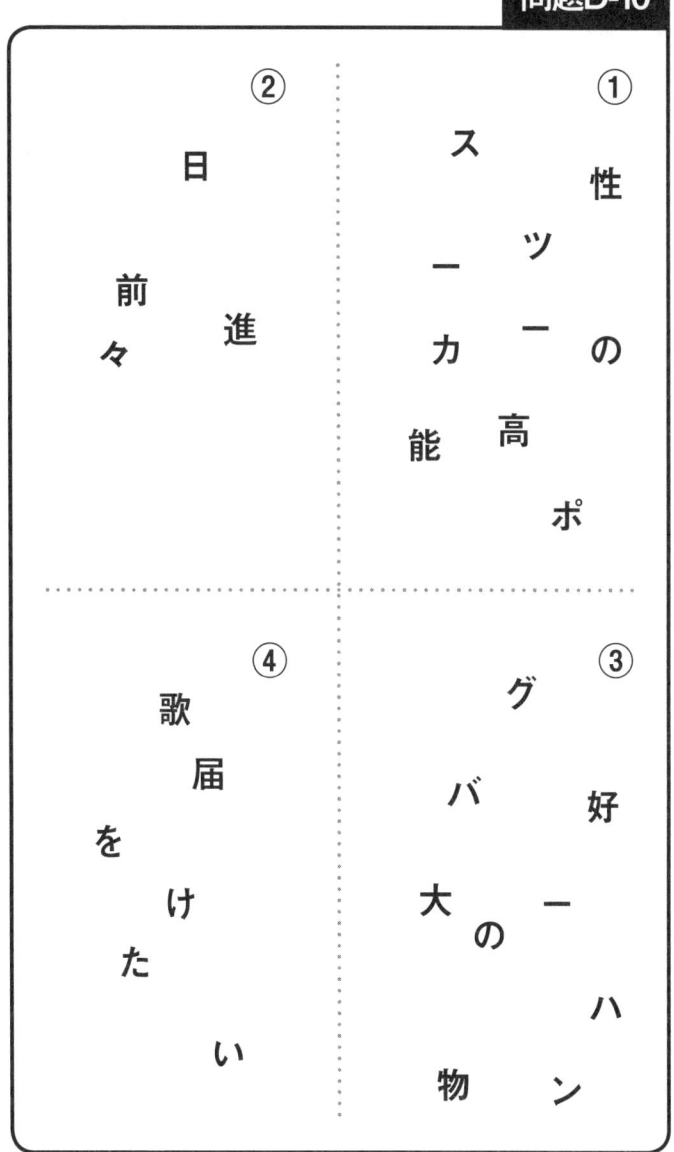

問題D-11

①

チ 勝 ム を く 優 ー 導 に

②

マ ワ リ ・ ー ッ ト ネ ト ア ン

③

ピ ノ 弾 を ア く

④

日 忙 送 な 多 々 る を

※答えはp162

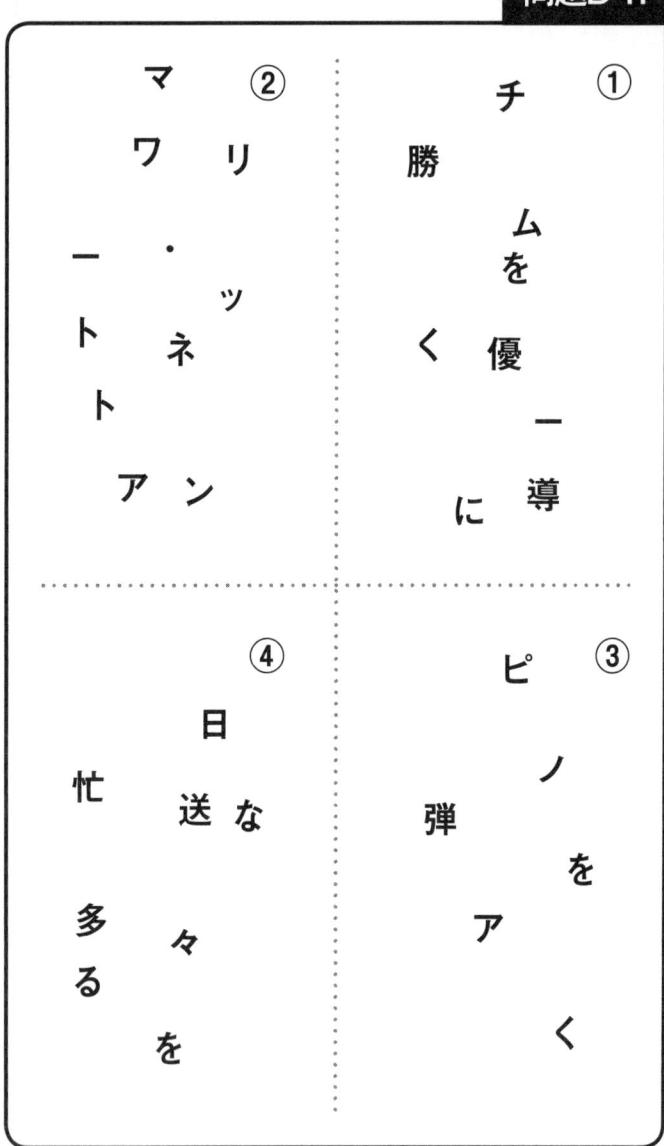

問題D-12

①

か れ

牛 光 に り 善

ひ て 寺 参

②

立

の 所

煙 ぬ に

い

な 火

た は

③

し

ま ろ

ひ

④

り ち を

替

気

持

え

切

る

※答えはp162

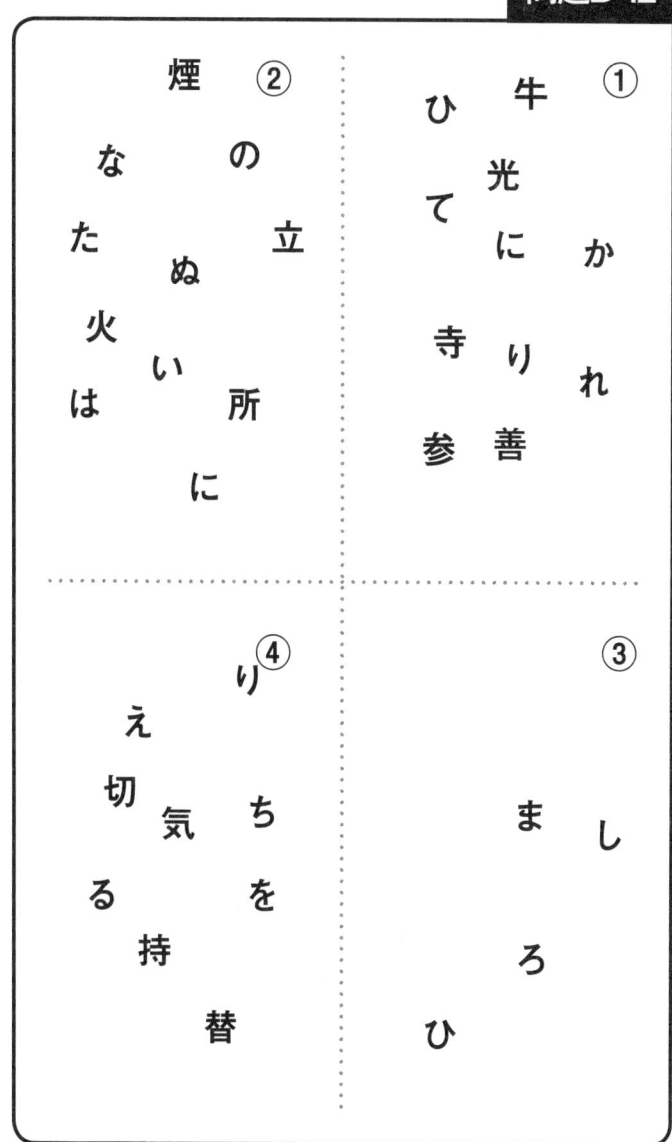

第3章 「変換力を鍛える」解答

※問題によっては、解答が複数存在し得るものもありますが、ここでは1つだけを取り上げています。

問題A−1 ①ゴリラ ②パンダ ③キリン ④ウサギ ⑤ラクダ ⑥トカゲ ⑦アメリカ ⑧フランス ⑨エジプト ⑩大韓民国 ⑪ブラジル ⑫ベトナム

問題A−2 ①ラーメン ②ステーキ ③チャーハン ④炊き込みご飯 ⑤カレーライス ⑥青菜のおひたし ⑦福沢諭吉 ⑧リンカーン ⑨織田信長 ⑩ナポレオン ⑪アインシュタイン ⑫武者小路実篤

問題A−3 ①透明度 ②黄緑色 ③バター ④カメラ ⑤うどん ⑥はさみ ⑦日本列島 ⑧化学反応 ⑨ポスター ⑩リモコン ⑪ひまわり ⑫おにぎり

問題A−4 ①思い描く ②日本文化 ③抜け出す ④プライド ⑤水に流す ⑥言葉遣い ⑦バブル経済 ⑧電子メール ⑨百円を渡す ⑩二十一世紀 ⑪科学の研究 ⑫著しい特徴

問題A−5 ①目的地 ②新聞配達 ③鬼に金棒 ④プチ贅沢 ⑤自由研究 ⑥金魚すくい ⑦生活レベル ⑧恩返しする ⑨相性がいい ⑩誕生日ケーキ ⑪ストレス解消 ⑫映画のスター

問題A−6 ①断定する ②赤ちゃんの手 ③商店街のポスター ④腕時計 ⑤ノートパソコン ⑥歴史の本を読む ⑦ぜんざい ⑧おもてなしの心 ⑨浴衣と下駄 ⑩新しい自

分に出会う　⑪有言実行　⑫シンプルイズベスト

問題A−7　①理想と現実とのギャップ　②思い悩む　③世間の声におびえない　④アドバイスに耳を傾ける　⑤松竹梅　⑥すごろくのサイコロ　⑦ストイック　⑧サッカー部のキャプテン　⑨この世界に偶然はない　⑩人生を変える選択肢　⑪アルバムの写真を見返す　⑫他人に振り回されない

問題B−1　①コンパス　②セロハンテープ　③消しゴム　④カッターナイフ　⑤ボールペン　⑥カーネーション　⑦たんぽぽ　⑧紫陽花　⑨コスモス　⑩マーガレット

問題B−2　①野球　②サッカー　③テニス　④バスケットボール　⑤バドミントン　⑥しまね　⑦かながわ　⑧かがわ　⑨やまがた

⑩ほっかいどう

問題B−3　①リンス　②あんこ　③まぐろ　④写真集　⑤古代人　⑥たいくつ　⑦ドライブ　⑧マスコミ　⑨運営会社　⑩心理学部

問題B−4　①わらべ歌　②映し出す　③思い描く　④携帯電話　⑤涼しい風　⑥最高の結果　⑦クリスマス　⑧決断を迷う　⑨異なる立場　⑩非常勤講師

問題B−5　①商品の値段　②夏休みの宿題　③今昔物語集　④インターン　⑤表現している　⑥明日も良い日　⑦知恵を絞る　⑧事実に基づく　⑨市立図書館　⑩青いネクタイ

問題B−6　①人間の脳　②名案が浮かぶ　③食べ比べる　④格好いい運転手　⑤激しい雨　⑥ニューヨーク　⑦自然現象　⑧家族の

だんらん　⑨ベトナム料理　⑩かくれんぼ

問題B-7　①制服を着た女の子　②興味があふれる　③夕暮れ　④こみあげてくる　⑤豪華なお寿司　⑥天気予報　⑦不思議な出来事　⑧たこ焼き　⑨爽快な　⑩自然エネルギー

問題B-8　①出来る人をまねる　②ホスピタリティー　③限界を越えろ　④大きな声であいさつ　⑤鍛え抜かれたからだ　⑥真面目な生き方　⑦クレオパトラ　⑧サッカーの日本代表　⑨必ずうまくいく　⑩部屋をきれいにする

問題C-1　①オニヤンマ　②トノサマバッタ　③てんとうむし　④モンシロチョウ

問題C-2　①シンバル　②コントラバス

---

③グランドピアノ　④クラリネット

問題C-3　①聖徳太子　②アイス　③満員電車　④くるみ

問題C-4　①暗記する　②新鮮な空気　③心に響く　④平等な対応

問題C-5　①限界を決めない　②疑問を持つ　③ギリシャ神話　④笑顔がかわいい

問題C-6　①プレゼントを贈る　②タクシーに乗る　③甲子園の決勝戦　④シンプルに生きる

問題C-7　①ベストセラーになる　②人に甘える　③イタリアンシェフ　④アルバイト

問題C-8　①生態系　②推し量る　③あたたかいスープ　④人差し指

問題C－9 ①家の窓 ②かわいい白い子犬 ③チャンスをつかむ ④宝探し

問題C－10 ①塵も積もれば山となる ②人生が豊かになる ③人と人が理解しあう ④アナウンサーが噛む

問題C－11 ①余裕を持って行動する ②桜の花びら ③モチベーションを上げる ④免疫力がつく

問題C－12 ①ロサンゼルス ②リオデジャネイロ ③ヨハネスブルク ④アムステルダム

問題C－13 ①お気に入りのスニーカー ②不可能を可能に変える ③青のペン ④スランプから脱出する

問題D－1 ①半魚人 ②ミイラ男 ③フランケンシュタイン ④ドラキュラ

問題D－2 ①自由の女神 ②エッフェル塔 ③万里の長城 ④エアーズロック

問題D－3 ①政治家 ②臨機応変 ③起承転結 ④鹿児島

問題D－4 ①サンゴ礁 ②民主主義 ③モアイ像 ④波に乗る

問題D－5 ①猫のしっぽ ②努力が実る ③器が大きい ④本来の目的

問題D－6 ①営業スマイル ②グレードアップ ③ギャップがある ④耳を傾ける

問題D－7 ①野外イベント ②思いやりが大切 ③ゴールを設定する ④ポジティブに

生きる

問題D-8 ①経験を積み上げる ②リクエストに応える ③餃子とチャーハン ④歯医者の待合室

問題D-9 ①野球部のマネージャー ②決断と行動が早い ③新たな仕掛けを作る ④恐れずにチャレンジ

問題D-10 ①高性能のスポーツカー ②日々前進 ③大好物のハンバーグ ④歌を届けたい

問題D-11 ①チームを優勝に導く ②マリー・アントワネット ③ピアノを弾く ④多忙な日々を送る

問題D-12 ①牛にひかれて善光寺参り ②火のない所に煙は立たぬ ③ひろしま ④気持ちを切り替える

第4章

瞬読トレーニング
ステップ2
「イメージ力を鍛える」

1つの文を1秒以内で、リズミカルにどんどん進めよう！

第2章でご説明した瞬読をマスターするまでの流れで、ステップ2「イメージ力を鍛える」がありましたが、第4章でこのイメージ力をドリル形式で養っていきます。縦書きからスタートし、次は横書きへと進みます。行数や文字数がどんどん増えていきますが、ついてきてください。

ここでも第3章と同じく、「1つの文を1秒以内で見て、次に進む」とします。長くても1つ1秒までを厳守してください。答えがわからなくても、どんどん進めます。慣れてきたら、1秒より短い時間で1リズムを刻むようにし、見る時間をどんどん速くしましょう。

第3章と同様、スマホの「メトロノーム」のアプリ、本物のメトロノームがあればベストです。もしお持ちでなければタイマーや時計を代用するか、体感での1秒に従って進めてください（詳しくは、113ページの解説をご覧ください）。

縦書きの例題

彼女が描いた絵は
県のコンクールで
表彰されました。

映像を思い浮かべる

問題E-1

①英語のテストで
１００点をとった。

②私の得意科目は
昔から数学。

ヒント ▶▶▶ 学校での出来事

③今日の体育の授業は
バスケットボール。

④アルトリコーダーを
音楽室で吹いた。

問題E-2

①明日の旅行に備えて早く寝る。

②東京駅から新幹線で軽井沢に向かった。

③山がよく見えるコートでずっとテニスをした。

④ランチで僕はそばを彼女はハンバーグを頼んだ。

問題E-3

①朝日が差し込み
自然と目が覚めた。

②家族と談笑しながら
食事をする。

③広い客間に人が
ぎっしり集まる。

④私の好物は
カレーライスだ。

問題E-4

①かわいい子には
旅をさせよ。

②掃除機をかけて
部屋を綺麗にする。

③機関車の汽笛の音が
遠くから聞こえてきた。

④ポップコーンを食べながら
映画を見る。

問題E-5

①家に届いた宅配便は
母からの贈り物だった。

②自分自身で
限界を決めない。

③手裏剣を折り紙で作って
忍者ごっこをする。

④成功者はみんな
運命を信じている。

問題E-6

①誰にも打ち明けられない秘密がある。

②百聞は一見にしかず。

③あなたと過ごした時間は夢のようだった。

④サケの生態は不思議だ。

問題E-7

①地域のお祭りで
盆踊りを踊る。

②完成までに
ひと月を費やす。

③椅子を引く音が
ガタガタと
聞こえてきた。

④サッカーの大会で
僕たちのチームが
優勝を勝ち取った。

問題E-8

①庭の花壇には
きれいな赤色の花が
咲いている。

②毎晩七時に
テレビで
ニュースを見る。

③雨上がりの空に
虹がかかる。

④嵐の夜に
大型ヨットが
波にのまれていた。

問題E-9

①年に一回の試合に
あと一歩というところで
敗れた。

②教室内での
携帯電話の使用は
絶対に禁止である。

③炊飯器から
炊き立てのお米の
良い匂いがする。

④インフルエンザの
予防のために
マスクをする。

問題E-10

①階段で転んで
足首を骨折したので
入院することになった。

②彼は物知りなので
いつも面白い話を
聞かせてくれる。

③スタンプを集めて
豪華な海外旅行の
チケットを手に入れた。

④会いたいの一言が
恥ずかしくて
なかなか言えない。

問題E-11

①何をしたら
彼女が喜んでくれるのか
毎日考えている。

②日本にとって
史上初の
メダル獲得となった。

③苦悩というのは
それを乗り越えられる
人にしか訪れない。

④人生は
危険に満ちた冒険か、
もしくは無か。

問題E-12

①未来を予言する
唯一の方法は
未来を形成することだ。

②彼には
繊細な
一面もある。

③人生に
目標を教えてくれるのは
直感だけ。

④この国の未来を
背負っていく
有望な子どもたち。

問題E-13

①作文コンクールで
優勝した作品を
読んで感動した。

②たくさんの小銭を
上着やズボンのポケットに
詰め込んだ。

③子どもたちが
外でにぎやかに
草野球をしながら
遊んでいる。

④校長先生が
始業式の日に
全校生徒の前で
スピーチをした。

問題E-14

①田舎の実家には
立派なひな人形が
毎年飾られている。

②お気に入りの
白いシャツに
カレーをこぼして
汚してしまった。

③レモンを絞って
スッキリ爽やかな
レモネードを作った。

④バレンタインデーに
下駄箱に
チョコレートが
入っていた。

問題E-15

①風が吹いて
家の風鈴が
綺麗な音を奏でている。

②お正月には
親戚一同集まって
初日の出を見るのが
毎年恒例だ。

③八百屋さんで
買ってきた
新鮮な野菜は
とても美味しい。

④コピー機が壊れて
会議で必要な
大事な書類が
準備できない。

問題E-16

①自分の直感を
信じる勇気を
持つことが
本当の自信だ。

②この三つ星レストランは
料理が美味しいだけでなく、
スタッフの対応も
とても丁寧だ。

③世界地図を見て
ガーナの位置を
確認した。

④ホットコーヒーの湯気で
かけているメガネが
曇ってしまって
何も見えない。

問題E-17

①今回の試験では
猛勉強をしたので
大幅に
順位が上がった。

②お名前と
生年月日を
お伺いしても
よろしいでしょうか？

③隣の男性は
とても背が高く、
電車の天井にも
手が届きそうだ。

④冬は乾燥が
とてもひどいので
身体の保湿を
忘れずに行いましょう。

問題E-18

①落ち込んだ時は
気持ちを
切り替えることが
大切だ。

②四種類のハーブを使って
ブレンドしたお茶は
とてもスッキリした味わいで
飲みやすかった。

③目が覚めると、
雪が積もっていたので
お姉ちゃんと
大きな雪だるまを作った。

④地方によって
お正月に食べる
お雑煮の
種類が違う。

問題E-19

①この本には
魚の飼い方と
育て方が
詳しく載っています。

②お腹が空いて
授業中に
お腹が鳴って
すごく恥ずかしい
思いをした。

③赤ちゃんが
生まれたときに
両親は嬉しさで
涙が止まらなかった。

④三つ編みを
赤いリボンで結んだ
小さな女の子が
笑顔で振り向いた。

問題E-20

①樹木にとって
最も大切なものは
果実ではなく
実際には
種なのだ。

②合格通知を
受け取り、
胸がいっぱいで
嬉し涙があふれた。

③大声で
名前を呼んでも、
ヘッドフォンを
していたので
こっちに気付かなかった。

④姉は毎日
ピアノの練習を
行っていたので
全国大会で優勝した。

問題E-21

①失敗したことがない
人間とは
新しいことに
挑戦したことがない
人間だ。

②そこに立っている彼は
いくつもの
難解な事件を
解決している
有名な探偵だ。

③「またくるね」
そう言ったきり
彼女は二度と
現れなかった。

④可愛い女の子を
目の前にして
男の子たちが
うっとりしながら
眺めていた。

問題E-22

①運がいい人も
悪い人もいない。
運がいいと思う人と
運が悪いと思う人が
いるだけだ。

②新しいスーツに
腕を通すと、
気分が一新し
仕事へのモチベーションが
かなり上がる。

③新発売の
スマートフォンを
手に入れるために、
大勢の人が
朝から店に並んだ。

④隣の町の河川敷で
野球部の選手の
ほとんどが
自主的に素振りの
練習をしていた。

横書きの例題

水筒の水を

ごくごくと

飲み干した。

映像を思い浮かべる

問題F-1

①カレールーと牛肉と玉ねぎと
じゃがいもとにんじんを買う。

②大きな鍋に水を注いで
沸騰させる。

③細かく切った材料を
鍋に入れて煮込む。

④ご飯を皿に盛り
カレーをかければ完成。

問題F-2

①新規顧客に電話をして
アポを入れる。

②メールをチェックし
返信する。

③同期とランチを食べに
近くのおそば屋さんに行く。

④会議で企画を
プレゼンする。

問題F-3

①マントをつけた
スーパーヒーロー。

②北極星が
夜空に輝いている。

③昔のアルバムを
押し入れにしまう。

④今日は待ちに待った
遠足だ。

問題F-4

①バラのつぼみが
つゆに濡れて輝く。

②風が強まり
嵐が近づく。

③隣のおばさんから
お土産をもらった。

④背の高い男性が
僕の担任の先生です。

問題F-5

①今までの人生は
ウォーミングアップである。

②アフリカの原住民の
歴史について調べる。

③おじいちゃんのために
バリアフリーの家に住む。

④ここから先は
立ち入り禁止だ。

問題F-6

①いつも機転を利かせて
危機を乗り越える。

②子どもの可能性は
無限大だ。

③優れたジョークは
優れたアイデアに通じる。

④失敗で学んだことを
次の試合に活かす。

問題F-7

①綺麗なアゲハ蝶が
お花畑で飛んでいる。

②希望を抱かぬものは
失望することもない。

③今日の放課後は
仲の良い友人と
映画に行く予定だ。

④友達の誕生日会で
サプライズを企画し、
お祝いをした。

問題F-8

①やっぱりパンは
出来立てが一番
美味しい。

②川の流れで
船が静かに
揺れる。

③小説を書いて
世間をあっと言わせたい。

④スニーカーから
サンダルに
履き替える。

問題F-9

①私は横になって
クラシック音楽を
聴いていた。

②大きな声で応援して
チームのみんなを
盛り上げる。

③濡れた雑巾を
ぎゅっと絞って
床の掃除をする。

④田んぼに住む
多くの生き物を
観察する。

問題F-10

①パーティーの
受付開始は
午後からだ。

②ブラックコーヒーが
飲めるようになった
私は大人だ。

③彼女はいつも
休憩時間に
英単語を暗記している。

④ぴかぴか光る
金貨の山を
見つめる。

問題F-11

①信念なき人生は
航海のできない
ぼろ船のようなものである。

②苦手な数学を
克服するために
塾に通う。

③私の生きがいは
食べることと
眠ることだ。

④刺激を求めて
世界旅行に
出かける。

問題F-12

①大事なのは、
どれくらい生きたかではなく
どう生きたかである。

②天才とは
１％のひらめきと
９９％の努力である。

③自由の女神は
アメリカにあるが
フランスからの贈り物だ。

④自分の子どもには
夢中になれるものを
何か一つ見つけてほしい。

問題F-13

①ラグビー部の朝は
プロテインを
摂取することから始まる。

②弟の合格を祈願して、
学業成就の青色のお守りを
神社で購入した。

③家の近くの
中華料理屋で
ラーメンと
ギョーザを食べた。

④ブランコに乗った
女の子は
大きな声で
歌を歌っている。

問題F-14

①肌は雪のように白く
髪は炭のように黒く
唇は血のように赤い。

②黒髪のあの彼女は
ミステリアスな
雰囲気が
漂っている。

③人生という試合で
最も重要なのは、
休憩時間の得点である。

④新しいカメラを持って
公園に咲いている
八重桜の花を
撮りに行こう。

問題F-15

①短期留学で行った
オーストラリアで
初めてコアラを抱っこした。

②全米が泣いた
注目の話題作が
ついに日本で
公開される。

③初恋の人に
久しぶりに
再会したから
顔が赤くなっている。

④昨夜は一晩中
大雨が降ったので
川の水が
増えている。

問題F-16

①いつも週末は
アロマを焚きながら
半身浴をして
リラックスする。

②人生を重く見ず
捨て身になって
何事も一心になすべし。

③お母さんの
お手伝いをして
お小遣いを
もらった。

④もう遅いから
そろそろ
家に帰る支度を
はじめよう。

問題F-17

①母が電話を
かけてきたとき、
私は自宅で
本を読んでいた。

②準備というのは
言い訳の材料と
なり得るものを
排除していくことだ。

③可愛らしい赤ちゃんが
ベッドの上で
手足を動かしたり
寝返りをうったりした。

④何かを長時間
成し遂げるには
考えや行動を
一貫させる必要がある。

問題F-18

①速くても
遅くても
走り続ければ
辿り着ける場所がある。

②自分が責任者として
企画していたイベントは
優秀なチームのおかげで
大成功を収めた。

③夢中で毎日を
過ごしていれば、
いつか
わかるときが来る。

④理論立てて
説明するので
彼の話は
説得力がある。

問題F-19

①このお店の
パンケーキは
とてもフワフワで
食べると優しい気持ちになる。

②サッカーの合宿に
参加した
弟はすっかり
こんがり日に焼けて帰ってきた。

③急な夕立に
あったせいで
服と髪が
びしょびしょに
濡れてしまった。

④生まれたての
パンダの赤ちゃんは
ぬいぐるみのように
可愛く、愛らしい。

問題F-20

①子供たちに
宇宙への関心を
もってもらう
活動をしている。

②いま、自分が
やれることは
全てやって
ベストを尽くす。

③台風の影響により
予定されていた
花火大会は
中止となってしまった。

④パフォーマンスに
圧倒された
観客たちは
盛大な拍手を送る。

問題F-21

①かくれんぼで遊んだときに
黄色のカーテンの裏に
隠れた友達が
最後まで見つからなかった。

②ロンドンの
有名な観光地
ビッグベンは
ただいま工事中である。

③飼い犬の体を
洗っていると、
目を離したすきに
お風呂場から逃げ出した。

④私はいつも
コンビニで
発売される
新商品をチェックしている。

問題F-22

①初めての経験は
誰だって怖いけど、
それを乗り越えた先には
最高の景色が広がっている。

②帰国子女の友達のおかげで
苦手だった英語が大好きになり、
今ではキャビンアテンダントとして
働くことが出来ている。

③時が物事を
変えるって人は言うけど、
実際は自分で日々着実に
変えなくっちゃいけないんだ。

④よく物をなくすので
鍵や財布には鈴をつけて
落としても
すぐ気付けるようにしている。

おわりに

瞬読とは、夢を実現するための最強のツール。
その瞬読で、あなたは人生をどう変えますか？

今、世界はＡＩ（人工知能）時代へと突入しています。人間が行っている仕事の多くがＡＩで代用できてしまうため、今ある職業がどんどん消滅していくと言われています。２０２０年にはセンター試験が廃止され、受験も様変わりし、今までの「詰め込み」教育が一切通用しなくなります。

そんな時代の転換期であるＡＩ時代を生き抜くために必要な能力は「想像力、イメージ力、判断力、思考力、コミュニケーション力、共感力」です。今後、これらの能力を身につけている人が、あらゆる業界でリーダーとなっていきます。

瞬読は、右脳で情報をインプット、左脳で情報をアウトプットするのですが、右脳と左脳がつながっている脳梁《のうりょう》を通して、右脳と左脳の両方を使いこなすことができるのです。すると、「記憶力」や「問題処理能力」はもちろん、先ほど申し上げましたこれからの時代に必須となる「想像力」や「イメージ力」も高まります。

また、瞬読によって本を速く読むことができるようになり、これによって多くの時間を生み出すことができます。

今まで「時間を買えない」という意味では、誰もが〝平等〟だと言われてきました。

しかし、瞬読をマスターすれば、情報処理が速くなるわけですから、人生の「手持ちの時間」を容易に増やすことができます。つまり、瞬読を行うことは、「時間を買う」ことと同じなのです。瞬読をマスターすることで、時間を最大限に有効活用し、何歳からでも「やりたいことを達成できる人生」を送っていただきたいと思います。

また、この本を手に取っていただいた方だけでなく、お子さんやこれからの日本を担う若い世代の方にも瞬読をマスターしていただきたいと願っています。

たくさんの本を瞬読して幅広い知識や教養を身につけることで、視野が広がり、行き来できる世界は広大になるからです。

瞬読が、あなたの、そして周りの人たちの人生のさまざまな場面で、大きな力を発揮するでしょう。

一人一人が幸せな人生を送る、瞬読がそんな手助けとなることを願っています。

最後になりましたが、本書の出版にあたりご尽力くださった皆さま、本当にありがとうございました。

出版社様との架け橋になってくださったインプルーブの小山睦男様、いつも的確なアドバイスをくださったSBクリエイティブの杉浦博道様、編集をお手伝いいただいた山守麻衣様。生まれて初めての出版で、右も左もわからない私を出版まで導いてくださり、本当にありがとうございました。皆さまの協力で、初めての出版ができましたことは私の一生の宝物です。

瞬読受講生の皆さま、特に遠方から飛行機で通ってくださった森裕嗣様、超多忙な中楽しんで受講してくださった鈴木浩一朗様、出版にあたり多方面からのアドバイスを下さった池田健一様、いつもダンディで努力家な戸松昌也様、ムードメーカーで笑顔が素敵な山本様、受験勉強の真っ只中受講し結果を出してくれた山中様には体験者のお声の掲載を快くご承諾いただき、本当にありがとうございました。

そして瞬読をずっと一緒に指導して支えてくれている弊社スタッフ。今の瞬読があるのは間違いなく皆さまのおかげです。特に西山さん、廣田さん、西中さん、南部さん、奥田さん、山岡さん、大井さん、その他瞬読にかかわってくださいましたすべての方に感謝しています。そして、初期からこの瞬読を応援してくださった、大尊敬する西田文郎先生に心より感謝申し上げます。

皆さまの右脳がパッカーンと開き、今後の人生も開けますように。深謝。

２０１８年11月　山中恵美子

[著者紹介]
山中 恵美子（やまなか・えみこ）
一般社団法人瞬読協会 代表理事
（全国で30校以上の学習塾を経営する）SSコミュニティ株式会社 代表取締役社長

1971年、兵庫県生まれ。甲南大学法学部卒業。大学在学中に日本珠算（そろばん）連盟講師資格取得。学生時代より、母親の経営するそろばん塾にて、指導を開始。卒業後、関西テレビ放送株式会社に勤務。2003年、自身のそろばん塾を開校。現5教室、のべ2,000人以上を指導。2009年、学習塾を開校。現在、グループ30校舎、約2万人の生徒が卒業。学習塾にて、学習効果を上げる方法の一環として、速読を取り入れる。これが後の「瞬読」となり、生徒が次々と難関校に合格。瞬読は保護者にも知られ、やがてはビジネスパーソンにも広まり、瞬読のみの講座を開講し、好評を博す。「わずか1時間半のトレーニングで何倍も速く読めるようになった」「いろんな速読を試すも失敗が続き、瞬読でやっとうまくいった」「老眼の進んだ70歳でも成功」「分速36万字で読めるようになった」など、喜びの声が殺到している。

◆一般社団法人瞬読協会　http://syundoku.jp/
◆（著者経営の学習塾）SSゼミナール　http://www.ss-zemi.co.jp/
◆ APマスターズ http://ap.ss-community.co.jp/
◆立志塾 http://apjr.ss-community.co.jp/

1冊3分で読めて、99%忘れない読書術
瞬読

2018年11月10日　初版第1刷発行
2019年 4月15日　初版第9刷発行

著　者　山中 恵美子
発行者　小川 淳
発行所　SBクリエイティブ株式会社
〒106-0032　東京都港区六本木2-4-5
電話　03-5549-1201（営業部）
装丁デザイン　上田宏志（ゼブラ）
本文デザイン・DTP　ISSHIKI（デジカル）
イラスト　北川剛之（キットデザイン）
校　正　宮川 咲
編集協力　山守麻衣
企画協力　小山睦男（インプルーブ）
編集担当　杉浦博道
印刷・製本　三松堂株式会社

落丁本、乱丁本は小社営業部にてお取替えいたします。
定価はカバーに記載されております。
本書に関するご質問は、小社学芸書籍編集部まで必ず書面にてお願いいたします。

ISBN 978-4-7973-9886-1